견제와 균형

인사청문회의 현재와 미래를 말하다

견제와 균형

CHECKS & BALANCES

|최준영·조진만 지음|

인사청문회의
현재와 미래를 말하다

써네스트

이 세상에 가족만큼 소중한 것은 없다는 것을
새삼 깨닫게 해준 지욱이와 지연이에게 이 책을 바칩니다.

최준영

저의 모든 흔적들을 가능하게 해주었던
가족들께 이 책을 바칩니다

조진만

견제와 균형
- 인사청문회의 현재와 미래를 말하다

머리말

마치 엄청나게 무거운 돌이 숨도 못 쉬게 우리의 가슴을 짓누르고 있는 듯한 느낌. 우리가 고위공직자 임명과정에 대한 연구를 시작하게 된 계기였다. 국회방송에서 중계되고 있는 인사청문회를 지켜보거나 인사청문회 관련 언론매체의 보도를 읽다보면 답답하고 짜증나고 화도 났다. 또 우리 둘만으로는 어떻게 해볼 수 없다는 생각에 허탈감을 느꼈고, 한편으로는 좌절도 하였다. 이처럼 답답함, 짜증, 분노, 허탈, 좌절 등 온갖 부정적인 감정이 가슴을 억누르는 상태에서 우리는 신경질 섞인 한숨과 함께 언제나 똑같은 말을 되뇔 수밖에 없었다.

"도대체 왜들 저러는 거야!!!?"

사실 "도대체 왜들 저러는 거야!!!?"가 우리 입에서 처음 튀어 나왔을 때는 의문문이라기보다는 감탄문에 더 가까웠다. 그냥 마음속에 농축되어 있던 부정적 감정이 무의식적으로 하나의 덧없는 문장형태를 띠고 세상 밖으로 튀어 나온 것이다. 그러나 인사청문회가 있을 때마다 이 말을 되뇌다보니 실제로 어떤 이유 때문에 이러한 저급 블랙코미디 같은 인사청문회가 일어나고 있는지 학문적 차원에서 점차 궁금해지기 시작하였다.

"도대체 왜들 저러는 거야!???"가 감탄문이 아니라 진지한 의문문으로 바뀌면서 우리는 우선 인사청문회가 구체적으로 어떠한 문제들이 있는지 살펴보기 시작하였다. 인사청문제도가 견제와 균형의 논리에 입각하여 국회가 대통령의 자의적 인사권을 견제하고 이를 통해 보다 나은 고위공직자를 임명하기 위한 취지로 도입되었다는 것은 익히 알려진 사실이다. 이러한 인사청문제도의 도입취지가 제대로 지켜지고 있을까? 만약 그렇지 않다면 인사청문제도는 어떠한 논리에 입각하여 이루어지고 있는가?

사실 우리에게 이러한 질문에 대한 답은 명약관화(明若觀火)해 보였다. 왜냐하면 도입취지가 제대로 지켜지고 있었다면 "도대체 왜들 저러는 거야"라는 말이 애초에 나올 필요도 없었기 때문이다. 그러나 우리는 도입취지가 제대로 지켜지고 있지 않다는 것에 대한 확실한 경험적 증거들을 제시할 필요가 있다고 느꼈다. 왜냐하면 겉으로는 당연한 것처럼 보이지만 속내를 자세히 살펴보면 전혀 다른 내용이 똬리를 틀고 있는 정치적 현상을 자주 목격할 수 있기 때문이다.

이 책의 3장과 4장에 제시되어 있지만 우리가 경험적으로 확인한 결과는 우리의 예상과 정확하게 일치하였다. 한국의 인사청문회는 견제와 균형이라는 도입취지에 맞추어 운영되어 온 것이 아니라 여야의 첨예한 정파적 이해관계에 입각하여 이루어져왔다. 여당은 대통령이 내정한 고위공직 후보자를 무조건적으로 방어하고, 야당은 무차별적으로 공격하는 '여방야공(與防野攻)'의 정파적 인사청문회가 주를 이루어왔던 것이다.

이처럼 인사청문제도의 문제를 진단한 이후에 우리의 관심은 자연스레 정파적 인사청문회가 발생하고 있는 원인을 분석하는 작업으로 이어졌다. 우리는 인사청문과정의 주요 행위자인 대통령, 야당, 여당에 초점을 맞추어 이들이 인사청문과정에서 달성하고자 하는 목적과 이를 달성하기 위하여 합리적으로 선택한 행위가 무엇인지 살펴보았다. 우리는 이들이 자신의 목적을 달성하기 위하여 개별적 수준에서 합리적으로 선택한 행위가 정파적 인사청문회라는 집합적 결과로 수렴되고 있다는 점을 확인할 수 있었다.

어떻게 보면 우리의 인사청문과정에 대한 연구는 여기서 끝을 맺을 수도 있었다. 문제의 진단과 원인의 규명이라는 핵심적 작업이 완료되었으니 말이다. 더 연구가 진행될 수 있었던 것은 국회방송 때문이었다. 저자 중 한 명(최준영)이 어느 주말 오후 침대에서 뒹굴며 일어날까 말까를 고민하고 있을 때였다. 갑자기 아들이 방으로 뛰어 들어오며 "아빠, 아빠가 텔레비전에 나와."라고 외치며 잠을 깨웠다. 당시 네 살이었던 딸아이는 뜬금없이 "텔레비전에 내가 나왔으면 정말 좋겠네~"라는 노래를 불러대기 시작했고. 뭔 일인가 해서 거실에 있는 텔레비전 앞으로 갔더니 전날 국회에서 열린 한 학술회의에서 저자가 토론하였던 장면이 국회방송에서 나오고 있었다. 만화영화를 보기 위하여 아이들이 텔레비전 채널을 돌리다 우연히 국회방송에 나오고 있는 아빠의 얼굴을 보게 된 것이다. 식구들과 같이 앉아 텔레비전을 보면서 문득 다음과 같은 생각을 하게 되었다. 얼마나 많은 사람들이 국회방송을 볼까? 국회에서 벌어지고 있는 일들을 국회방송을 보면서까지 열심히 살펴보는 사람들이 과연 얼마나 될까? 인사청문회도 국회방송에서 생중계되는데 이를 직접 보는 사람들은 거의 없겠지? 그럼 이 사람들은 어떻게 인사청문회에 대한 정보를 얻을까?

답은 당연히 언론매체를 통해서이다. 거의 대부분의 국민들은 인사청문회에 대하여 언론매체를 통한 간접적인 경험만을 할 뿐이다. 그렇다면 언론매체가 과연 얼마나 정확하고 객관적으로 국회 인사청문회를 보도하고 있는가의 문제는 중요한 정치적 함의를 지닐 수 있다. 왜냐하면 언론매체가 제공하는 인사청문회에 대한 정보가 국민들의 고위공직자 임명과정에 대한 의견 형성에 큰 영향을 미칠 수 있기 때문이다. 결국 어느 나른한 주말 오후에 방송된 국회방송 덕분에(그리고 만화영화를 좋아하는 우리 아이들 덕분에) 우리는 국회에서 진행된 인사청문회가 언론매체에서 어떻게 보도되었는지 살펴보는 연구를 수행하게 되었다. 연구결과는 다소 암담하였다. 언론매체의 인사청문회에 대한 보도는 실제 인사청문회보다 후보자에 대한 부정적 내용을 지나치게 부풀려 보도하고 있었기 때문이다.

그리고 이러한 연구결과는 또 다른 연구로 이어졌다. 고위공직 후보자에 대한 부정적 측면들이 언론매체의 인사청문회에 대한 보도내용의 상당 부분을 구성하고 있다면, 이것이 국민들의 고위공직자에 대한 신뢰 형성에 어떠한 영향을 미치게 될 지 궁금해졌던 것이다. 우리는 대학생들을 대상으로 이에 대한 실험을 진행하였다. 실험결과는 언론매체의 보도가 실제로 고위공직자에 대한 신뢰를 떨어뜨리는 것으로 나타났다. 국민들 사이에 형성되어 있는 정치적 신뢰가 민주주의의 성공적 운영에 있어서 중요한 역할을 한다는 사실을 고려할 때, 이러한 결과는 한국 민주주의의 심화과정에 있어서 매우 부정적인 함의를 내포한다고 해석할 수 있다.

그렇다면 남은 문제는 이처럼 심각한 문제를 유발하고 있는 인사청문 제도를 어떻게 개선할 것인가 하는 점이다. 우리는 이 책의 결론 부분에서 우리 나름대로의 해결책을 제시하고 있다. 요지는 고위공직자 임명과 정에서 대통령의 책임이 더욱 강화되어야 한다는 것이다. 우리가 제시한 방식이 과연 얼마나 설득력이 있는지, 그리고 실현가능성이 얼마나 있는지는 독자 여러분께서 판단해주시기 바란다. 그러나 한 가지 분명한 점은 현재 이루어지고 있는 고위공직자 임명과정은 많은 문제점을 유발하고 있고, 따라서 반드시 개선되어야 한다는 사실이다. 보다 나은 고위공 직자 임명과정이 이루어질 수 있도록 사회 각계각층의 많은 고민과 노력이 필요하다. 우리의 연구가 비록 미약하나마 그러한 고민과 노력의 밑거름이 되었으면 하는 바람이다.

제1장. 들어가며

공자(孔子)의 제자 자천(子賤)이 노(魯) 나라의 선보(單父)라는 조그만 땅을 다스린 적이 있었다. 자천은 많은 시간을 당상에 앉아 거문고나 퉁기며 소일하였음에도 불구하고 선보를 잘 다스렸다. 자천의 후임자였던 무마기(巫馬期)는 이러한 자천의 능력을 매우 놀랍게 여겼다. 왜냐하면 자신은 파김치가 되도록 일하고 또 일하였어도 자천만큼 선보를 잘 다스릴 수 없었기 때문이다. 그래서 무마기는 어느 날 자천을 찾아가 그 비결을 물어보았다. 자천은 다음과 같이 대답하였다. "나는 사람들에게 맡겨 일을 처리하였으나 자네는 자네 혼자서 열심히 노력하더군. 노력에 맡기면 고되고 사람에게 맡기면 편한 법일세."[1]

지도자 혼자 아무리 열심히 노력하더라도 다른 사람들의 적절한 도움 없이는 선보와 같은 조그만 땅덩어리조차 제대로 다스리기 어려운 법이

---

1 이 일화는 중국 전한 시대의 설화집인 설원(說苑, 임동석 2009)에 나와 있다.

다. 어떠한 지도자든 제대로 된 통치를 원한다면 적절한 사람들을 발탁하여 그들의 능력과 노력에 의존할 수밖에 없는 것이 현실이다. 즉 통치와 인사(人事)는 떼려야 뗄 수 없는 긴밀한 관계를 형성하고 있다는 말이다.[2] 이처럼 통치란 혼자만의 힘이 아니라 남의 도움에 의존할 때 비로소 가능하다는 사실을 전제로 할 때, 한 가지 매우 중요한 문제가 필연적으로 제기된다. 그것은 바로 성공적인 통치를 위해서는 어떤 인물을 어떤 자리에 앉혀 어떤 일을 수행하게 할 것인가 하는 문제이다. 이러한 인사문제가 어떻게 결정되는가에 따라 향후 통치가 순조롭게 이루어질 것인지 혹은 수많은 잡음을 내며 삐걱거릴 것인지 그 방향이 상당 부분 정해진다고 볼 수 있다. 마치 바둑이나 장기에서 한 수가 대국을 결정지을 수 있는 것처럼, 인사문제를 어떻게 처리하는가에 따라 향후 통치의 성패가 결정될 수도 있는 것이다. 이러한 관점에서 볼 때 인사는 진정 만사(萬事)이다.

그러나 인사는 만사가 아닌 망사(亡事)가 될 여지가 다분하다. 왜냐하면 사람의 능력을 정확히 파악할 수 있는 혜안을 지닌 백락(伯樂)은 이 세상에 없기 때문이다. 백락은 중국 전국시대 최고의 말 감정가로서 천리마(千里馬)를 식별해낼 수 있는 탁월한 능력을 보유한 사람이었다. 재능 있는 사람도 그 재능을 알아주는 사람을 만나야 비로소 빛을 발할 수 있다는 뜻인 '백락일고(伯樂一顧)'의 주인공이기도 하다. 당나라의 대문장가 한유(韓愈)는 잡설(雜說)에서 "세상에 백락이 있은 연후에 천리마가 있다. 천리마는 항상 있으나 백락과 같은 사람이 늘 있는 것이 아니다

---

2 사실 인사는 여러 명의 사람들이 모여 하나의 조직을 이루고 있는 곳이라면 어디서든 발생할 수밖에 없는 문제이다. 그러나 이 책에서는 인사의 문제를 정치영역, 그 중에서도 행정부 고위공직 임명과 관련된 영역에 국한시켜 논의하고자 한다.

(世有伯樂 然後有千里馬 千里馬常有 而伯樂不常有)"라고 적었다. 한유는 세상에는 언제나 훌륭한 능력과 자질을 지닌 천리마와 같은 인물들이 존재하지만 그러한 인물들을 알아볼 수 있는 능력을 지닌 백락과 같은 사람이 없기 때문에 인재가 제대로 활용되지 못하고 버려지는 세태를 한탄하고 있는 것이다.

백락이 없다는 말은 결국 어떤 인물이 어떠한 능력과 자질을 가지고 있는지 정확하고 객관적으로 파악할 수 있는 방법이 매우 묘연하다는 점을 나타낸다. 그리고 이처럼 사람 속에 내재되어 있는 능력을 정확히 파악할 수 있는 방법이 없기 때문에 어떤 공직에 어떤 인물이 가장 적합한지 판단하는 것 역시 매우 어려운 작업이 될 수밖에 없다. 이렇게 볼 때 인사문제는 상당한 수준의 불확실성이 지배하는 영역이라 할 수 있다. 이처럼 불확실성이 지배하는 상황에서 훌륭한 인재가 등용되지 못하고 수준 미달의 인물이 공직을 차지하는 경우가 자주 발생하리라 예상하는 것은 그리 어렵지 않다. 또한 인사 결정을 둘러싸고 입장의 차이에 따라 '적절하다' 또는 '부적절하다'하며 심각한 갑론을박이 발생하여 정치적·사회적 통합보다 오히려 분열이 조장될 가능성도 결코 적지 않아 보인다. 많은 사람들이 그 중요성을 공감하고 있음에도 불구하고 인사가 번번이 만사가 아닌 망사로 귀착되고 마는 이유다.

사실 한국의 역대 대통령 중 김영삼 전 대통령만큼 인사의 중요성을 강조하고 역설하였던 대통령도 없었다. 그는 유력한 대통령 후보였던 시절 경제·외교·안보 등 여러 국정분야에 대한 전문적 지식이 결여되어 있다는 비판을 자주 받았다. 그리고 이와 같은 비판은 그가 대통령이 되었을 경우 제대로 된 국정 운영이 이루어지기 힘들 것이라는 우려로 이어졌다. 그렇지만 이러한 비판과 우려는 그리 큰 파장을 만들어내지 못한 채 조용히 수그러들고 말았다. 왜냐하면 김영삼 전 대통령은 "머리는 빌려 쓰면 된다"며 자신의 정책적 전문성 부족을 훌륭한 인재를 등용하여 메우겠다고 여러 차례에 걸쳐 주장하였고, 많은 국민들은 이와 같은 그의 주장에 공감을 표하였기 때문이다(이용식 1993). 훌륭한 인재를 적재적소에 배치하여 일하게 만든다면 비록 대통령이 국정 전반에 대한 전문성이 떨어진다고 하더라도 통치는 원활하게 이루어질 것이라는 낙관적 기대가 김영삼 전 대통령뿐만 아니라 대부분의 국민들에게도 자연스럽게 형성되어 있었던 것이다.

그러나 이처럼 인사의 중요성이 강조되었음에도 불구하고 정작 김영삼 전 대통령은 인사에 실패한 대통령으로 간주되고 있다. 문민정부 등장 이후 첫 조각 때부터 적절치 못한 인물이 포함되었다는 비판들이 제기되었다. 그리고 대통령으로 재직하였던 5년 내내 수없이 많은 장관들이 임명되었다 경질되는 일들이 반복되었다. 문민정부의 장관 수명이 평균 11.6개월 밖에 안 될 정도로 짧다는 것은 김영삼 전 대통령이 지속적으로 인사정책에 실패하였음을 나타내는 중요한 증거가 된다.

역사에 만약이라는 가정을 대입하게 되는 경우 대체역사소설이라는 공상과학소설의 한 장르로 전락할 가능성이 있다. 그러나 만약 문민정부가 인사정책에 성공하였다면 1997년 IMF 경제위기라는 망국적 사태가 과연 일어날 수 있었을까 라는 질문을 어쩔 수 없이 던져보게 된다. 어떠하였을 것 같은가? 누가 고위공직자가 되었더라도 IMF 경제위기는 구조적으로 피해갈 수 없는 그러한 성격의 것이었는가? 아니면 그 당시 고위관료들 말고 다른 인물들이 그 자리에 있었더라면 IMF 경제위기는 피할수 있었다고 생각하는가? 그렇다면 그 다른 인물들은 누구라고 생각하는가? 그리고 그들이 IMF 경제위기 당시의 고위관료들보다 어떤 측면에서 더 자격이 있다고 생각하는가? 한 번 지적 유희를 즐겨보시기 바란다.

우리는 김영삼 전 대통령과 문민정부의 비극에 대하여 다음과 같은 한 가지 점만을 짚고 넘어가고자 한다: 인사문제란 그 중요성을 충분히 인식하고 있고, 또 잘 하겠다는 의지가 충만하더라도 반드시 성공적인 인사로 이어진다는 보장은 없는 냉혹한 현실의 한 단면을 반영하고 있다는 점이다. 그만큼 인사는 어렵고도 어려운 문제이다.

그렇다면 이러한 인사문제가 실패로 돌아갈 확률을 줄일 수 있는 방법은 없을까? 한 가지 방법이 있을 수 있다. 누군가가 대통령의 인사 결정을 검토하고 검증할 수 있도록 만드는 것이다. 집에 찾아온 손님들에게 음식을 대접하기 전에 자신이 만든 음식을 손님상에 내놔도 괜찮은지 호랑이 같은 시어머니에게 검사를 받아야 하는 어느 종갓집 맏며느리를 상상해보자. 시어머니가 검사를 하지 않는 경우보다 검사를 하는 경우가 손님들이 먹게 될 음식의 질이 훨씬 좋아질 것이라고 예상할 수 있지 않을까? 왜냐하면 며느리는 시어머니의 불호령을 피하기 위하여 음식을 만들 때 더 많은 정성을 쏟게 될 가능성이 높고, 혹시 음식이 잘못된 경우 시어머니가 이젠 되었다고 허락할 때까지 음식을 다시 만들어야 하기 때문이다.

여기에 덧붙여 또 한 가지 중요한 점은 시어머니가 음식의 맛을 검사하였다는 사실이 손님들로 하여금 자신이 먹고 있는 음식이 전통의 종갓집 음식이라 확신할 수 있게 해준다는 것이다. 즉 음식의 진위 여부에 대한 논란 자체가 발생할 가능성이 줄어들 수 있다는 말이다. 불쌍한 종갓집 맏며느리야 힘이 더 많이 들겠지만 종갓집에서 전통적으로 내려오는 수준 높은 음식을 맛보고자 하는 손님의 입장에서 보면 시어머니가 집에 없는 날보다는 있는 날을 선택하여 찾아오는 것이 더욱 합리적이다.

대한민국 건국 이후 내각제가 도입되었던 제2공화국 시절을 제외하고 오랜 기간 동안 행정부 고위공직에 대한 인사문제는 거의 전적으로 대통령의 자의적 결정에 의하여 이루어져 왔다고 볼 수 있다. 물론 대통령이 인사 결정을 하기 위하여 다른 사람들의 의견을 참고하였을 수도 있다. 그러나 대통령의 인사 결정은 언제나 최종적이었으며 누군가가 검토하고 검증할 대상이 아니었다. 대통령은 마치 시어머니의 간섭 없이 자기 마음대로 손님상에 오를 음식을 만들 수 있는 며느리와 같았다고 할 수 있다. 대통령이 이처럼 어떠한 제한도 받지 않고 자기 마음대로 고위공직자를 임명할 수 있는 경우, 불확실성 수준이 높은 인사문제의 속성상 자격이 미달된 인물이 고위공직자로 임명될 가능성이 높아진다. 뿐만 아니라 능력보다는 학연과 지연 등에 입각한 정실인사 내지는 편중인사가 발생할 가능성도 올라간다. 다시 앞의 비유로 돌아가자면 종갓집 전통의 맛을 고스란히 담고 있는 음식이 아니라 훨씬 맛이 떨어지거나 전통을 무시하고 며느리 입맛에 맞추어 조리된 음식이 손님상에 올라갈 가능성이 올라간다는 말이다.

　잘못된 음식이야 안 먹고 나가버리던지, 기껏해야 요리 실력이 형편없다며 며느리 뒷담화나 하고 나면 그만이다. 하지만 잘못된 고위공직자에 대한 인사는 매우 심각한 문제를 유발시킬 수 있다. 적절치 못한 인물이 행정부 고위공직자로 임명될 경우 행정부의 효율적이고 효과적인 업무 수행에 차질이 빚어질 수 있다. 이러한 문제가 발생하게 되면 대통령은 당연히 해당 인사를 경질하여 책임을 묻고, 새로운 인물을 그 자리에 임명할 것이다. 그러나 첫 단추를 잘못 꿴 인사 결정이 향후에 나아지리라는 보장은 없다. 또 다시 인사문제가 발생할 수 있고, 이러한 일들이 반복되면 빈번한 인사 교체가 일어나게 된다. 빈번한 인사 교체는 국정의 일관성과 효율성이 훼손될 여지를 높이며, 따라서 국정 운영 전반에 걸쳐 혼란이 발생할 수 있다. 이렇게 되면 정부에 대한 국민들의 신뢰가 감소할 수 있고, 떨어진 국민들의 신뢰는 정부가 운신할 수 있는 폭을 크게 축소시킨다. 한 마디로 잘못된 인사는 통치의 위기로까지 이어지게 되는 것이다.

그렇다면 인사문제의 어려움을 줄이기 위하여 필요한 것은 대통령의 인사 결정을 누군가가 검토하고 검증함으로써 인사 결정이 잘못될 가능성을 대폭 축소시키는 일이 될 것이다. 즉 인사 결정과정에서 시어머니 역할을 할 누군가를 지정해놓고 철저한 검증을 하게 만드는 것이 필요하다.

그렇다면 누가 이러한 시어머니의 역할을 담당할 것인가? 권력의 분립과 분립된 권력간의 견제와 균형을 강조하는 대통령제의 특성상 그 역할은 국회가 담당하는 것이 자연스럽다. 왜냐하면 국회는 국민을 대표하는 기관으로서 대통령의 인사 결정을 국민의 이름으로 검토할 수 있는 충분한 자격과 정당성을 갖추고 있기 때문이다. 더욱이 미국을 포함하여 대부분의 대통령제 국가들에서 대통령의 고위공직자 인사 결정에 대한 검증은 현실적으로 의회 차원에서 이루어지고 있는 상황이다. 따라서 국회가 대통령의 인사 결정에 대하여 시어머니의 역할을 해야 한다는 점은 논란의 여지가 별로 없는 사안이라 할 수 있다.

견제와 균형이라는 대통령제의 기본적 원칙에 따라 국회가 대통령의 인사 결정을 검토하고 검증할 경우 다음과 같은 측면에서 긍정적인 효과들이 발생할 수 있다. 첫째, 국회가 자신의 인사 결정을 검증할 것이라는 사실을 알고 있는 대통령은 인사 결정을 더 신중하게 할 수밖에 없고, 이러한 상황은 애초에 보다 나은 인물이 고위공직 후보자로 내정될 가능성을 높일 수 있다(Mackenzie 1981). 둘째, 대통령이 혹시라도 적절치 못한 인물을 내정한 경우 국회는 내정자의 문제점을 검증하여 그가 공직에 오르지 못하도록 차단할 수 있고, 이를 통하여 잘못된 인사로부터 파생될 수 있는 여러 가지 국정운영상의 문제점을 사전에 방지할 수 있다. 셋째, 대통령의 지명뿐만 아니라 국회의 검증까지 원만히 통과한 고위공직 후보자는 임명의 정당성을 공식적으로 인정받음으로써 향후 업무 수행에 필요한 리더십을 강화시킬 수 있다. 이렇게 강화된 고위공직자의 리더십은 뛰어난 업무 수행을 가능하게 하는 밑거름이 되어 보다 나은 통치가 이루어질 가능성을 높인다. 마지막으로 국회의 검증과정은 고위공직 후보자에 대한 여러 가지 정보들을 국민들에게 제공함으로써 어떤 인물이 자신들을 이끌어 가는지에 대한 국민들의 알 권리를 충족시킬 수 있다.

견제와 균형의 논리에 입각하여 국회가 대통령의 자의적 인사권을 견제할 경우 위와 같은 긍정적 효과들이 발생될 수 있다는 낙관적 기대는 2000년 2월 국회법 개정을 통하여 인사청문제도가 전격적으로 도입되는 중대한 계기가 되었다. 백락과 같은 혜안을 지닌 사람은 없지만 제도적 절차를 도입하여 그가 지닌 능력과 최대한 유사한 효과를 이끌어 내보자는 시도가 이루어진 것이다. 그렇다면 인사문제를 사람 중심에서 제도 중심으로 옮기는, 즉 인사문제의 제도화는 과연 의도한 목표를 성취하였을까?

인사청문제도가 성공을 거두고 있는지 살펴보기 위해서는 인터넷을 한 번 검색해볼 필요가 있다. 인터넷에서 인사청문회와 관련된 기사나 블로그를 읽다보면 실로 다양한 수식어들이 인사청문회 앞에 붙어 있다는 사실을 어렵지 않게 발견할 수 있다. 필자들이 인터넷에서 확인한 것들을 적어보면 다음과 같다: 죄송 청문회, 사과 청문회, 국민의 혈압만 높이는 청문회, 하나마나 청문회, 복불복 청문회, 거짓말 청문회, 모르쇠 청문회, 막말 청문회, 부실 청문회. 어쩌면 이렇게 압도적으로 부정적인 수식어들만이 인사청문회 앞에 붙어 있는 것인가?

이 밖에도 2009년 2월 당시 민주당의 박영선 의원은 한 라디오 프로그램에 출현하여 인사청문회는 '하루 푸닥거리'에 불과하다고 푸념한 적이 있다. 뿐만 아니라 어떤 신문기사는 '인사청문회를 청문한다'하며 인사청문회 자체가 청문의 대상이 될 정도로 문제가 많다는 점을 풍자한 적도 있다. 도무지 인사청문제도의 긍정적인 측면은 눈 씻고 찾아보려 해도 찾기 어려운 상황이다. 백락을 대신할 제도로서 많은 기대와 희망 속에 도입된 인사청문제도가 어쩌다 이러한 비판에 직면하게 된 것인가? 도대체 무엇이 문제이고, 또 이 문제는 어떻게 해결해야 하는가?

이 책은 이 질문에 대한 답을 제시하는 것을 목적으로 하고 있다. 좀 더 구체적으로 이 책은 다음과 같은 네 가지 질문에 대한 필자들 나름의 의견을 제시하는 것을 목적으로 하고 있다. 첫째, 현재 시행되고 있는 인사청문제도는 어떠한 문제점을 지니고 있는가? 둘째, 그러한 문제가 발생하고 있는 근원적 원인은 무엇인가? 셋째, 이러한 문제는 어떠한 측면에서 부정적인 결과를 초래할 수 있는가? 넷째, 인사청문제도를 오염시키고 있는 문제를 극복할 수 있는 방법은 존재하는가? 이 질문에 대한 우리의 의견은 제3장에서 제8장까지 총 6장에 걸쳐 제시되어 있다. 그럼 본론에 들어가기 전에 각 장이 어떠한 내용을 다루고 있는지 간략히 살펴보도록 하자.

우선 제2장에서는 현재 국회에서 시행되고 있는 인사청문제도가 어떻게 이루어져 있는지 그 내용을 살펴본다. 그리고 미국에서 시행되고 있는 인사청문제도에 대해서도 간략하게 소개함으로써 한국과 미국의 인사청문제도를 비교해 볼 수 있는 기회도 제공하고자 한다. 인사청문제도가 어떠한 내용과 절차에 따라 운영되고 있는지 제대로 알지 못하는 상황에서 이 제도가 만들어내는 문제점을 이해하기는 어려운 일일 수 있다. 따라서 제2장은 그 이후에 다루어질 논의에 대한 기본적 정보와 맥락을 제공하는 역할을 담당하고 있는 장으로 생각하면 될 것이다. 이미 인사청문제도가 어떻게 이루어지고 있는지 알고 있는 독자들은 이장을 건너뛰어 제3장부터 읽기를 권한다.

제3장은 인사청문제도가 애초의 도입 취지인 견제와 균형의 논리에 입각하여 이루어지고 있는지 살펴보는 것을 주된 목적으로 하고 있다. 노무현 정권 당시 실시되었던 네 차례 국무총리 후보자에 대한 인사청문회와 이명박 정권 등장 직후 실시되었던 한승수 국무총리 후보자에 대한 인사청문회가 분석대상이 된다. 필자들은 총 5회에 걸친 인사청문회 회의록에 대한 내용분석을 통하여 청문회에 참여한 의원들이 질의한 질문들의 성격을 측정하고, 통계분석에 필요한 데이터를 구축하였다. 데이터 분석결과는 인사청문회가 견제와 균형의 논리에 입각하여 이루어지기보다는 여야간 정파적 이해관계에 근거하여 이루어지고 있음을 보여주고 있다. 즉 한국의 인사청문회는 국회가 여당과 야당으로 분열하여 여당은 후보자를 방어하고 야당은 공격하는 여방야공(與防野攻)의 정파적 인사청문회의 모습을 보이고 있다는 것이다. 결국 이 장이 지목하고 있는 현행 인사청문제도의 결정적 문제는 이 제도가 국회 차원에서 고위공직 후보자의 자질에 대한 중립적이고 객관적인 검증도구로서 활용되기보다는 여당과 야당의 정파적 이득을 신장시키기 위한 수단으로 악용되고 있다는 사실에 놓여 있다.

제4장은 국회가 고위공직 후보자 임명동의 여부를 결정하는데 있어서 어떠한 요인이 영향을 미치고 있는지 살펴보는 것을 목적으로 한다. 미국에서 논의되어 왔던 분석모델을 한국의 상황에 맞게 수정하여 어떤 요인들이 인사청문회의 최종적 결과, 즉 국회 차원의 임명동의 여부에 영향을 미치는지 분석한다. 통계분석 결과는 국회 내 정당 간 갈등 수준이 고위공직 후보자 임명동의에 가장 큰 영향을 미치고 있는 것으로 나타났다. 즉 여야간 원내갈등 수준이 높은 경우 낮은 경우보다 공직 후보자에 대한 국회 차원의 임명동의를 이끌어내기 힘든 것으로 나타났다. 이러한 결과는 여당과 야당의 정파적 갈등이 인사청문회 진행 과정에서뿐만 아니라 그 최종적 결과에도 영향을 미치고 있다는 점을 의미한다.

제5장은 왜 이러한 정파적 인사청문회가 발생하고 있는지 그 원인을 규명하는데 초점을 맞추고 있다. 이 장은 인사청문제도에 참여하는 주요 행위자인 대통령, 야당, 여당의 합리적 선택에 주목한다. 세 행위자가 인사 결정과정에서 달성하고자 하는 목표가 논의되고, 이러한 목표를 달성하기 위해서 이들이 어떠한 행위를 취하게 되는지 살펴보고 있다. 이 장은 인사결정 과정에서 세 행위자가 자신의 이익을 극대화하기 위하여 선택한 개별적이고 합리적인 행위가 종국적으로 정파적 인사청문회라는 비합리적인 집합적 결과로 이어진다는 점을 밝히고 있다.

제6장은 인사청문회에 대한 언론매체의 보도행태에 분석의 초점을 맞추고 있다. 대부분의 국민들은 주로 언론매체의 보도를 통하여 인사청문회의 과정과 결과에 대한 정보를 획득한다. 그리고 이러한 정보는 국민들의 고위공직 임명과정에 대한 의견뿐만 아니라 고위 공직자, 더 나아가 정치엘리트 전반에 대한 의견 형성에도 많은 영향을 미칠 수 있다. 따라서 인사청문회가 언론매체에서 구체적으로 어떻게 보도되고 있는

가는 매우 중요한 정치적 함의를 지닐 수 있다. 이 장에서는 국무총리 후보자에 대한 인사청문회가 5대 일간지에 어떻게 보도되었는지 조사하고 있다. 그리고 이를 실제 인사청문회가 이루어진 내용과 비교함으로써 언론매체가 얼마나 정확하게 인사청문회에서 일어난 일을 보도하고 있는지 확인하고 있다. 분석결과는 실제 인사청문회와 비교하여 국무총리 후보자에 대한 부정적 내용이 훨씬 높은 비율로 언론매체에 보도되고 있다는 사실을 보여주고 있다. 결국 이 장은 언론매체의 보도행태가 인사청문회를 통하여 발현되고 있는 정파적 갈등과 이로부터 파생되는 문제들을 필요 이상으로 증폭시키고 있다는 점을 밝히고 있다.

제7장은 정파적 인사청문회와 이를 실제보다 부정적으로 보도하고 있는 언론의 보도행태가 어떤 측면에서 위험한 결과를 도출해낼 수 있는지 검토하는 것을 주된 목적으로 하고 있다. 이 장에서는 대학생들을 대상으로 실험을 실시하여 노무현 정권 당시 실시되었던 고건 국무총리 후보자 인사청문회에 대한 언론보도가 학생들이 지니고 있는 정치적 신뢰에 어떠한 영향을 미치는지 살펴보고 있다. 실험결과는 인사청문회에 대한 언론매체의 기사를 읽은 집단의 경우 그렇지 않은 집단과 비교하여 고건 국무총리 후보자에 대한 신뢰가 급격히 감소하고 있음을 보여주고 있다. 이는 정파적 인사청문회, 그리고 후보자에 대한 부정적 측면에 편향된 언론의 보도행태가 고위공직 후보자에 대한 국민들의 신뢰를 실제로 떨어뜨리고 있다는 하나의 증거가 된다. 원활한 국정 운영이 이루어지기 위해서는 국민들이 일정 수준 이상의 정치적 신뢰를 지니고 있어야 한다. 그러나 인사청문회는 국민의 정치적 신뢰를 감소시키고 있는 것으로 나타나 통치의 위기를 방지하기보다는 오히려 고조시키는 역할을 하고 있다는 측면에서 정치적으로 심각한 문제를 유발하고 있는

것으로 판단된다.

제8장은 결론을 대신하는 장으로서 다음과 같은 두 가지 질문에 대한 필자들 나름의 의견이 제시된다. 첫째, 앞에서 논의된 인사청문제도의 문제점들을 전제로 하였을 때 과연 이 제도를 존속시킬 필요가 있는가 하는 점이다. 이에 대하여 필자들은 그럼에도 불구하고 인사청문제도는 유지되어야 한다고 주장한다. 왜냐하면 인사청문제도가 사라진다고 해서 고위공직자 임명과정에 나타난 문제들이 소멸될 것 같지도 않으며, 또한 미약하나마 존재해왔던 현행 인사청문제도의 긍정적 측면도 이 제도의 폐지와 함께 사라져 버릴 수 있기 때문이다.

두 번째 질문은 어떻게 인사청문제도를 개선시킬 수 있는가 하는 것이다. 우리가 제시하는 해결책의 핵심은 인사 임명과정에서 대통령이 책임져야 할 부분을 더욱 강화시키고 명확히 해야 한다는 점에 놓여있다. 무엇을 강화하고 명확히 해야 하는지는 제8장에서 구체적으로 다룰 것이다. 다만 우선적으로 한 가지 지적하고 싶은 것은 자신과 함께 일 할 사람들을 그 사람들이 왜 필요한 지에 대한 별 다른 설명도 없이 인사청문회장에 던져 놓고 '알아서 살아 돌아오라'는 식으로 뒷짐 지고 기다리는 대통령의 행태는 분명 문제가 있다는 것이다. 인사청문회가 여야간 정파적 이해관계의 논리에 따라 원칙도 없는 살벌한 폭로전의 장소로 변질되는 것을 막기 위해서는 국회에서 검증되어야 할 고위공직 후보자의 자질과 관련한 의제들이 미리 설정될 필요가 있다. 우리는 대통령에 의하여 이러한 의제들이 제시될 때 인사청문제도에 만연한 문제들이 상당 부분 완화될 수 있을 것이라 생각한다.

이 책을 위하여 새롭게 쓰여진 서론과 결론을 제외한 나머지 장들은 여러 지면에 걸쳐 이미 발표된 글들이다. 이 글들을 책의 전체 구성에 맞게 일정 부분 수정하고 보강하여 책에 수록하였다. 제2장부터 제7장에 걸쳐 각 장에 사용된 글들의 출처는 각 장에 구체적으로 명시해 놓았다. 한편 제2장(일부분), 제3장, 제4장, 제7장은 이 책의 저자 이외의 다른 공저자와 함께 작성된 글이라는 점을 미리 밝히고자 한다. 이 책에 그 글들을 포함시킬 수 있도록 허락해 주신 중앙대 손병권 교수님, 단국대 가상준 교수님, 국회입법조사처 전진영 박사님, 인하대 석사과정 유광종군에게 진심으로 감사드린다.

제2장. 인사청문제도의 내용 비교: 한국과 미국

2-1 한국의 인사청문제도[1]

(1) 인사청문회 대상

사실 행정부 고위공직자 임명과정에서 발생하고 있는 여러 가지 폐단과 문제점, 그리고 이를 극복하기 위한 대안으로서 국회 인사청문제도의 도입에 대한 논의는 이미 1990년대 중반부터 사회 각 분야로부터 활발하게 제기되어왔다(김당 • 문정우 1996; 박동서 1993; 박성희 • 임윤주

---

[1] 이 절의 출처는 다음과 같다. 가상준 • 최준영. 2011. "국회 인사청문 기준에 관한 연구" 국회운영위원회 용역보고서. 이 용역보고서 제2장 2절에 포함된 내용을 수정 • 보완하여 이 절에 수록하였다.

2012; 박재창 1996; 이철 1993). 그러나 우리나라에서 인사청문제도의 도입이 정치권 차원에서 비중 있게 다루어지기 시작한 것은 1997년 대통령선거(이하 대선) 당시 김대중 후보가 인사청문제도의 도입을 공식적인 대선 공약으로 제시하고 난 이후였다.

〈표 2-1〉 인사청문제도에 관련된 시기별 주요 국회법 개정 사안

시기	주요 사안
2000년 2월	• 헌법에 의해 국회의 임명동의를 요하는 공직에 내정된 자에 대한 심사를 수행하는 것을 목적으로 한 인사청문특별위원회 규정이 신설됨
2003년 2월	• 대통령 당선인이 국무총리 후보자에 대한 인사청문의 실시를 요구하는 경우에도 인사청문특별위원회가 열린다는 규정이 추가됨 • 국가정보원장, 국세청장, 검찰총장, 경찰총장까지 인사청문의 대상을 확대하고, 이들은 소관 상임위원회별로 인사청문이 이루어짐을 규정함
2005년 7월	• 대통령과 대법원장이 요청한 헌법재판소 재판관과 중앙선거관리위원회 위원 및 국무위원이 인사청문 대상에 포함됨
2006년 12월	• 합동참모의장이 인사청문 대상에 포함됨
2007년 12월	• 대통령 당선인이 내정한 국무위원 후보자에 대한 인사청문회 실시 규정이 신설됨
2008년 2월	• 방송통신위원회 위원장이 인사청문 대상에 포함됨

출처: 전진영 외(2009, 4).

30

김대중 후보가 대선에서 승리한 이후 인사청문제도를 구체적으로 어떻게 만들 것인지에 대하여 정치권 차원에서 많은 논란과 혼란이 발생하였다. 따라서 실제로 인사청문제도가 도입되기까지는 상당한 시간이 소요될 수밖에 없었다. 그렇지만 결국 여야간 합의에 입각하여 2000년 2월 국회법 개정과 2000년 6월 인사청문회법의 제정이 이루어졌고, 이를 통하여 인사청문제도가 본격적으로 도입되기에 이르렀다. 인사청문제도에 관련된 국회법은 〈표 2-1〉에 나타나 있는 것처럼 그 이후로도 지속적으로 개정되어 왔다. 그리고 이와 같은 개정 과정을 통하여 국회에서 인사청문을 받아야 하는 고위공직 대상도 점차 확대되어 왔다.

현재 국회 인사청문회의 대상이 되는 고위공직은 크게 세 가지 종류로 나누어진다(임종훈 • 길정아 2010). 첫째, 헌법에 규정된 바에 따라 국회의원들의 인준투표를 통하여 국회의 임명동의를 얻어야 하는 직위로서 국무총리, 대법원장, 헌법재판소장, 감사원장, 대법관이 있다. 둘째, 국회에서 선출하는 직위로서 헌법재판소 재판관(3인)과 중앙선거관리위원회 위원(3인)이 여기에 속한다. 셋째, 국회의 임명동의가 임명의 필수조건이 되는 것은 아니지만 대통령이 내정한 후 인사청문회를 통하여 국회의 의견을 들어보고 임명하도록 한 공직이 존재한다. 이에 포함되는 공직은 국무위원, 국가정보원장, 검찰총장, 국세청장, 경찰청장, 합동참모의장, 방송통신위원장, 대통령이나 대법원장이 임명하는 헌법재판소 재판관과 중앙선거관리위원회 위원이 있다. 이와 같은 인사청문 대상이 되는 공직을 정리하면 다음의 〈표 2-2〉와 같다. 현재 총 57개 고위공직에 대한 국회의 인사청문회가 이루어지고 있는 상황이다.

<표 2-2> 인사청문 대상 고위공직

주관 위원회	구분	대상	계
인사청문 특별위원회	국회 동의 대상	국무총리, 대법원장, 헌법재판소장, 감사원장, 대법관 13인	17인
	국회 선출 대상	헌법재판소 재판관 3인, 중앙선거관리위원회 위원 3인	6인
	소계		23인
소관 상임위원회	주요 기관장	국정원장, 국세청장, 검찰총장, 경찰청 장, 합동참모의장, 방송통신위원장	6인
	헌법재판소 재판관	대통령 임명 3인, 대법원장 지명 3인	6인
	중앙선거관리 위원회 위원	대통령 임명 3인, 대법원장 지명 3인	6인
	국무위원	장관 16인(특임장관 포함)	16인
	소계		34인
합계			57인

출처: 전진영 외(2009, 7).

(2) 인사청문회 진행 절차

위의 〈표 2-2〉에 나와 있는 것처럼 고위공직 대상의 종류에 따라 인사청문회를 주관하는 기관이 달라진다. 국회법 제46조 3항에는 "국회는 헌법에 의해 그 임명에 국회의 동의를 요하는 대법원장, 헌법재판소장, 국무총리, 감사원장 및 대법관과 국회에서 선출하는 헌법재판소 재판관 및 중앙선거관리위원회 위원에 대한 임명동의안 또는 의장이 각 교섭단체대표의원과 협의하여 제출한 선출안 등을 심사하기 위하여 인사청문특별위원회를 둔다"고 명시되어 있다. 인사청문특별위원회는 인사청문회법에 따라 대통령에 의해 임명동의안이 제출된 때에 구성된 것으로 보며, 위원정수는 위원장 포함 13인으로 한다(인사청문회법 제3조 1항 및 2항). 인사청문특별위원회 위원은 교섭단체의 의원 수의 비율에 의하여 각 교섭단체 대표의원의 요청으로 국회의장이 선임 및 개선하고, 위원장 1인과 각 교섭단체별 간사 1인을 호선하여 본회의에 보고하는 것으로 구성이 완료된다.

한편 국회법 제65조 2항에는 "대통령이 다른 법률에 의하여 국가정보원장, 국세청장, 검찰총장, 또는 경찰청장의 후보자에 대한 인사청문을 요청하는 경우, 그 인사청문을 실시하기 위하여 소관 상임위원회별로 인사청문회를 연다"고 밝히고 있다. 그 이후 국회는 여러 차례에 걸친 관련법 개정을 통하여 국무위원, 합동참모의장, 방송통신위원장, 대통령이나 대법관이 임명한 헌법재판소 재판관(6인)과 중앙선거관리위원회 위원(6인)도 소관 상임위원회에서 인사청문회를 진행하도록 하였다.

헌법에 따라 국회의 동의를 필요로 하는 공직과 그렇지 않은 공직에 대한 인사청문회는 거의 비슷한 절차를 거쳐 이루어진다. 어떠한 종류의 고위공직이든 국회 인사청문과정은 국회에 임명동의안이 제출된 이후 최대 20일 안에 종료되어야 하는 것으로 인사청문회법에 규정되어 있는데, 공통적으로 이루어지고 있는 인사청문 진행 순서를 간략히 살펴보면 다음과 같다.

우선 대통령은 고위공직자를 내정하고 그에 대한 임명동의안을 첨부 서류를 갖추어 국회에 제출한다. 임명동의안이 제출된 경우 국회의장은 이를 본회의에 보고하고 공직의 종류에 따라 인사청문특별위원회나 소관 상임위원회에 회부한다. 인사청문을 진행하는 위원회는 임명동의안이 회부된 날부터 15일 안에 인사청문회를 마쳐야 하며, 인사청문회는 최대한 3일에 걸쳐 진행할 수 있다.

인사청문회가 종료되고 난 이후부터 진행되는 고위공직자 임명과정은 헌법에 따라 국회의 동의를 필요로 하는 공직과 그렇지 않은 공직별로 서로 다른 절차에 따라 진행된다. 전자의 경우 인사청문특별위원회의 인사청문회가 종료된 이후 후보자에 대한 임명동의안이 국회 본회의에 상정된다. 국회의원들은 임명동의안에 대하여 무기명으로(국회법 제112조) 찬반 인준투표를 실시하는데 재적의원 과반수 투표에 투표의원 과반수 찬성으로 국회의 인준이 이루어진다.

반면 국회의 임명동의를 요하지 않는 공직의 경우에는 인사청문회 종료 이후의 과정이 다음과 같다. 인사청문회를 진행하였던 소관 상임위원회는 인사청문회를 마치고 3일 이내에 인사청문 경과보고서를 작성하여 국회의장에게 제출한다. 국회의장은 이러한 인사청문 경과보고서를 본회의에 보고하고, 이를 대통령 또는 대법원장에게 송부하는 것으로 인사청문회의 모든 절차가 종료된다. 이 때 중요한 것은 지정된 기간 안에 관련 공직자에 대한 인사청문회가 이루어지지 않았거나 소관 상임위원회에서 공식적으로 인사청문 경과보고서를 채택하지 않았다 하더라도 대통령은 해당 후보자에 대한 임명을 강행할 수 있다는 점이다. 즉 이러한 종류의 고위공직 임명과정에 있어서 국회의 의견을 실질적인 임명 결정에 반영할 것인지 여부는 전적으로 대통령의 개인적 판단에 달려 있다고 할 수 있다.

실제로도 이러한 공직에 있어서 대통령이 국회의 의견을 무시한 채 임명 결정을 내리는 것을 자주 목격할 수 있다. 예를 들어 이명박 정권 초기인 2008년 3월, 김성호 국정원장 후보자의 경우 삼성으로부터 금품을 제공받았다는 의혹이 제기된 상태에서 야당의 거부로 인하여 아예 인사청문회 자체가 열리지 못하였다. 또한 같은 시기 최시중 방송통신위원장 후보자의 경우는 인사청문회가 열리기는 하였으나, 여야간 합의가 이루어지지 못하여 인사청문 경과보고서가 채택되지 못하였다. 결국 이들은 여야 합의에 의한 국회 차원의 동의를 획득하는데 실패하였다고 간주할 수 있다. 그렇지만 이명박 대통령은 이들에 대한 임명을 단독적으로 결정하고 임명장을 수여하였다.[2]

국회가 인사청문과정을 통하여 도달한 결론을 최종적인 임명 결정에 반영하지 않는 대통령의 행위가 과연 합법적인 것인지에 대해서는 논란의 여지가 있을 수 있다. 그러나 헌법재판소는 2004년 이에 대하여 다음과 같은 판결을 내렸다: "대통령이 그의 지휘•감독을 받는 행정부 구성원을 임명하고 해임할 권한을 가지므로(헌법 제78조), 그 임명행위는 대통령의 고유권한으로서 법적으로 국회 인사청문회의 견해를 수용해야 할 의무를 지지는 않는다"(전진영 외 2009, 10쪽에서 재인용).

이러한 헌법재판소의 판결은 고위공직자 임명과정에 있어서 국회가 지니고 있는 임명동의권이 모든 공직에 적용되는 것은 아니며, 따라서

---

2 이러한 현상이 비단 이명박 정권에 국한된 것은 아니다. 노무현 정권 당시 유시민, 이재정, 송민순 장관 임명에 있어서도 인사청문 경과보고서가 채택되지 못하였다. 그러나 노 대통령은 이들에 대한 장관직 임명을 강행하였다.

헌법에서 명시적으로 국회의 임명 동의를 요구하는 공직이 아닌 경우 국회 인사청문회의 결정은 대통령의 임명 결정에 필수적인 구속요건이 되지 않는다는 점을 밝힌 것이라 해석할 수 있다. 결국 헌법재판소의 이와 같은 판결은 적어도 몇몇 특정 공직에 있어서 대통령의 임명권이 국회의 동의권과 비교하여 더 큰 비중을 지니고 있다는 점을 명시한 것이라 할 수 있다.

결과적으로 헌법에 의해 국회의 임명 동의를 요구하는 공직과 그렇지 않은 공직에 대하여 이루어지고 있는 인사청문과정의 가장 큰 차이는 국회의 임명동의권이 법적인 구속력을 지니고 있는지 여부라고 할 수 있다. 그리고 이러한 차이는 국회 본회의의 인준투표 시행 여부라는 구체적인 제도적 차이로 나타나고 있다. 인준투표를 실시하는 경우 고위공직자 임명과정에 있어서 국회 차원의 의견은 공식적이고 강제적인 의미를 부여받게 된다. 그러나 인준투표가 존재하지 않는다면 고위공직자 임명과정에서 국회의 의견은 구속력이 없는 단순한 조언의 차원에 머무를 가능성이 높다.

2-2 미국의 인사청문제도[3]

미국 연방헌법 제2조 2항에는 "대통령은 상원의 조언과 동의(Advice and Consent)를 얻어 공직자를 임명한다"고 명시함으로써 대통령이 인사 임명에 있어서 자의적인 권한을 행사하지 못하도록 법적인 제약을 만들어놓고 있다. 즉 대통령이 행정부 고위 공직자에 대한 임명권은 지니지만 이에 대한 상원의 동의를 구하도록 함으로써 행정부와 입법부 사이의 권력이 균형을 이루도록 하였다.

사실 공직자 임명에 대한 이와 같은 헌법 조항은 1787년 헌법 제정 당시 정치적 타협의 산물이었다. 이 당시 정부 고위공직자에 대한 임명을 대통령에게 전적으로 위임하자는 안과 의회에게 위임하자는 안이 서로 충돌하였다. 그리고 이러한 논란을 해결하기 위한 방편으로 대통령이 공직자를 지명하고 상원에서 이를 인준하는 쪽으로 타협의 실마리를 찾게 되었던 것이다(김일환 • 장인호 2010). 물론 미국의 많은 대통령들이 인사임명과정에 있어서 이러한 상원의 견제에 불만을 토로해온 것도 사실이다.[4] 그럼에도 불구하고 상원의 인준절차는 인사임명과정에 참여하는 모든 행위자들이 숙지하고 따라야만 하는 중요한 게임의 법칙으로

---

3 이 절은 최준영. 2008. "인사청문회의 정파적 성격에 대한 원인 분석"『한국정치연구』제17권 2호의 일부분을 발췌하여 전면 수정 • 보강한 것이다.
4 예를 들어 닉슨 대통령은 "헌법은 오직 대통령에게만 임명권을 부여하였으며, 따라서 대통령의 고위공직자 임명 결정은 대통령의 철학에 입각하여 이루어져야지 상원의원과 같은 다른 사람들의 철학에 의하여 좌절되어서는 안 된다"고 토로한 바 있다(Epstein and Segal 2005).

자리 잡고 있다는 데에는 이론의 여지가 없다(Binder 2001; Mackenzie 2001).

미국의 대통령이 임명할 수 있는 정부 관료 중 상원의 인준이 필요한 대상은 연방대법원의 대법관, 각국에 파견될 대사·공사 및 영사, 각 행정 부처의 장·차관과 차관보, 군 고위직, CIA·FBI 국장 등 총 1,141개에 이르고 있다(김일환·장인호 2010; 전진영 외 2009; 정상화 2004). 물론 이들 중 그 중요성이 상대적으로 떨어지는 하위 공직에 대해서는 인사청문회를 거치지 않고 관례적인 절차에 입각하여 상원의 인준이 이루어지기도 한다. 그럼에도 불구하고 약 600개의 고위공직에 대해서는 상원의 인사청문회가 실시되기 때문에(김일환·장인호 2010), 미국의 경우 한국(총 57개 공직)과 비교하여 인사청문 대상이 훨씬 광범위하다는 특징을 보이고 있다.

미국의 고위공직자 임명과정은 크게 대통령의 고위공직자 지명, 상원의 인사청문회 실시 및 인준, 대통령의 임명 등 세 가지 단계로 구분할 수 있다.[5] 이러한 미국의 고위공직자 임명과정은 겉으로 보면 대통령의 내정 → 국회 인사청문회 → 대통령의 임명 순으로 이어지는 한국의 임명과정과 거의 비슷하다. 그러나 그 세부적 내용을 살펴보면 미국과 한국의 고위공직자 임명과정은 상당한 차이를 드러내고 있다는 사실을 발견할 수 있다. 그러한 차이는 첫 번째 단계인 대통령의 고위공직자 지명 과정에서 특히 두드러진다.

---

5 미국 고위공직자 임명과정의 세 가지 단계 중 마지막 단계인 '대통령의 임명'은 상원의 인준을 받은 후보자를 대통령이 공식적으로 임명하는 절차이다. 이 단계는 다른 단계에 비하여 그 중요성이 상대적으로 떨어지는 간단하고 형식적인 절차에 불과하기 때문에 여기서 따로 다루지는 않겠다.

미국에서는 대통령이 고위공직자를 지명하여 상원에 인준동의안을 제출하기까지 공직후보자에 대한 상당히 강도 높은 인사검증이 이루어진다(김일환·장인호 2010; 전진영 외 2009). 상원에 인준동의안이 제출되기까지 어떻게 공직후보자에 대한 검증이 이루어지고 있는지 살펴보면 다음과 같다.

우선 대통령과 백악관 내 인사관리처(OPM: Office of Personnel Management)는 상원의원, 상하원 내의 지도자, 후보자의 출신 지역을 대변하고 있는 의원들, 관련 상임위원회나 소위원회의 위원장, 관련 이익집단 등 다양한 소스로부터 의견을 묻고 조언을 구한 뒤 고위공직 후보자의 명단을 작성한다(Binder 2001; Mackenzie 1981; 1996; McCarty and Razaghian 1999). 이 명단은 대통령에게 보고되며, 대통령은 이 명단에 포함된 고위공직 후보자들 중 특정인 몇몇을 추천한다. 대통령이 추천한 후보자는 개인정보진술서(Personal Data Statement)[6]와 개인재산보고서(Personal Financial Report)를 작성하여 제출한다. 인사관리처는 후보자의 개인정보진술서와 개인재산보고서를 면밀히 검토한 후 그 결과를 대통령에게 보고하고, 대통령은 이 중 한 명을 최종 후보자로 선택하게 된다.

그러나 대통령이 최종 후보자를 선택하였다고 해서 바로 상원에 그 후보자의 인준동의안이 제출되는 것은 아니다. 왜냐하면 연방수사국

---

6 김일환·장인호(2010, 225)는 개인정보진술서에 대하여 다음과 같은 부연설명을 하고 있다: "후보자는 자기진술서 작성을 위해서 253개에서 800개까지의 세부적인 항목에 걸친 질문에 답하는데, 가족 문제, 친인척 문제, 이성 문제, 본인의 과거 행적, 그리고 해당 직책에 임명될 경우 여론의 비판을 받거나 대통령에게 부담을 줄 수 있는 사실까지 구체적으로 적도록 돼 있으며, 마지막 질문은 내가 왜 이 공직을 꼭 맡아야 하는가라는 것이다."

(FBI)과 국세청(IRS)이 중심이 된 후보자 신원조회 과정이 남아 있기 때문이다. 연방수사국과 국세청은 후보자가 미리 작성한 개인정보진술서와 개인재산보고서를 토대로 후보자에게 어떠한 문제점이 있는지 조사한다. 이 과정에서 후보자뿐만 아니라 후보자 주변 사람들에 대해서도 까다로운 탐문조사가 이루어지는데, 지명자의 대학 재학 시절 주차위반 전력까지 확인될 정도로 철저하게 이루어진다. 만약 조사과정에서 후보자가 작성한 진술서와 일치하지 않는 사안들이 발견되면, 이에 대한 진실 여부가 완전히 파헤쳐짐은 물론이다. 조사결과 많은 문제점이 드러난 후보자에 대한 지명은 철회되며, 곧 다른 후보자를 대상으로 새로운 검증과정이 시작된다. 이러한 백악관의 후보자에 대한 검증과정은 통상 2~3개월이 걸릴 정도로 많은 시간이 소요되는 것으로 알려져 있다(전진영 외 2009).

이처럼 미국의 경우에는 고위공직 후보자에 대한 상원의 인사청문회가 시작되기 훨씬 이전부터 이미 백악관을 중심으로 후보자의 개인적·공적 사안에 대한 광범위한 검증이 이루어지고 있다. 이러한 백악관의 신중하고 철저한 검토과정은 상원의 인사청문회 과정에서 후보자를 둘러싼 논란이 발생할 가능성을 대폭 축소시키는 역할을 하고 있다.

고위공직자 임명과정의 두 번째 단계인 상원의 후보자 인사청문 및 인준과정은 대통령이 고위공직 후보자를 지명·공표하고, 그 후보자에 대한 인준동의안을 상원에 제출하면서 시작된다. 상원의 인사청문 및 인준절차는 상원 의사규칙 제26조(위원회 의사절차)와 제31조(인준절차), 그리고 개별 상임위원회 의사규칙 등에 구체적으로 제시되어 있다.

한국의 경우 고위공직 후보자에 대하여 인사청문을 실시하는 주체가 고위공직 대상에 따라 인사청문특별위원회 또는 상임위원회로 이원화되어 있다. 하지만 미국은 관련 상임위원회로 일원화되어 있다는 특징을 보인다. 그리고 인사청문 기간이 정해져 있는 한국과는 달리 미국 상원은 따로 인사청문과 인준의 기간을 정해놓지 않고 있다.

각 상임위원회별로 인사청문이 진행되는 방식이 약간은 다를 수 있으나 전반적으로 다음과 같이 상원의 인사청문 및 인준과정이 이루어진다 (전진영 외 2009; 최연호·박종희 2000). 우선 대통령이 상원에 제출한 임명동의안이 상원 본회의에 보고되고, 소관 상임위원회에 회부된다. 소관 상임위원회는 후보자에게 서면질의서를 보내 답변서를 제출받고, 재산·경력·범죄사항 등 후보자에 관련된 여러 가지 정보를 자체적으로 검토하는 작업을 수행한다. 사전작업이 끝난 뒤 상임위원회는 후보자에 대한 인사청문회를 개최하고, 후보자의 적격성 여부를 위원회 소속 의원들의 표결로 결정한다. 표결로 결정된 사안은 인준권고 결의안의 형식으로 정리되어 상원 본회의에 보고된다.[7] 상원 본회의가 소집되고, 인준 여부에 대한 토론이 이루어진 후 인준 여부를 결정하는 투표를 실시한다. 인준동의안의 대부분은 구두표결로 이루어지는데, 인준은 상원 재적의원 과반수 이상의 찬성으로 이루어진다.

한편 미국 상원에는 한국 국회에서는 찾아볼 수 없는 제도적 수단이 인사청문 및 인준과정에서 종종 사용되곤 한다. 대표적인 제도 몇 가지를 살펴보도록 하자. 우선 보류(hold)라는 제도가 존재한다(Binder 2001; Hackney 2002; Mackenzie 2001). 보류는 특정 법안이나 인준동의안이 상원 본회의에 상정되어 논의되기 전에 이에 대한 보다 많은 정

---

7   상임위원회의 인준권고 결의안은 후보자에 대하여 우호적이거나 부정적인 권고사항을 담고 있거나 혹은 별도의 의견 없이 보고될 수 있다.

보가 필요하다고 판단하는 상원의원이 있는 경우 상원 다수당 지도자(Majority Leader)나 소수당 지도자(Minority Leader)에게 요구하여 본회의에 상정되는 것을 연기해달라고 요청하는 제도이다. 관행적으로 정당 지도자들은 보류를 요청한 의원들의 요구를 들어주며, 보류를 신청한 의원이 그 결정을 철회할 때까지 보류된 사안에 대한 본회의 상정을 금지시킨다. 보류는 상원의원이라면 누구나 신청할 수 있으며 보류를 신청한 의원들의 이름은 공개되지 않는다.[8] 따라서 대통령이나 후보자는 누가 보류를 걸고 있는지 확인하기 거의 불가능하다. 이러한 보류 규칙은 특히 하위직 관료 임명과정에서 자주 사용되어지고 있는데, 대통령의 임명권에 대한 상원의 주요한 견제수단으로 자리매김 되고 있다.

상원은 또한 의사진행방해(filibuster)라는 규칙을 허용하고 있다(Mackenzie 2001). 의사진행방해란 본회의에 특정 법안이나 인준동의안이 상정되었을 때 이것이 본회의에서 논의되는 것 자체를 상원의 회기가 끝날 때까지 막는 것을 허용하는 제도이다. 의사진행방해는 한 명의 상원의원에 의해서도 이루어질 수 있으며, 때때로 몇몇의 의원들이 서로 교대하여 가며 진행할 수 있다. 물론 이를 멈출 수 있게 하는 상원의 규칙도 존재한다. 토론종결규칙(상원규칙 제22조)이라 불리는 이 규칙은 재적의원 3분의 2 이상이 찬성하면 의사진행방해를 종료시키고 안건에 대한 표결로 바로 넘어갈 수 있도록 하고 있다. 그러나 상원 재적의원 3분의 2의 동의를 구하기가 매우 어렵기 때문에 실질적으로 의사진행방해를 끝내기는 어려운 것이 현실이다.

---

8 제106회 의회에서 다수당 지도자 트렌트 롯(Trent Lott)과 소수당 지도자 톰 대슐(Tom Daschle)은 보류를 신청한 상원의원의 이름을 공개할 것이라고 천명하였다. 그러나 이러한 것은 실제로 지켜지고 있지 않는 실정이다(Binder 2001).

고위공직 임명과정에서 상원이 지니고 있는 또 다른 제도적 수단은 바로 아무런 행동을 취하지 않는 것이다(Mackenzie 2001; McCarty and Razaghian 1999). 예를 들어 소관 상임위원회가 인사청문회를 진행하지 않거나 하였더라도 인준권고 결의안을 본회의에 제출하지 않는 경우 고위공직자 임명과정은 더 이상 진척되지 못하고 그 자리에서 멈추게 된다. 또한 상원은 인준동의안에 대한 투표일정을 상원의 스케줄에 포함시키지 않고 그대로 방치하여, 상원의 회기가 종료될 때 그 인준동의안이 자동적으로 폐기되도록 만들 수 있다. 이런 경우 대통령은 인사임명과정을 처음부터 다시 시작하여야 하는 상황에 처하게 된다.

지금까지 미국의 인사청문제도가 어떻게 이루어지고 있는지 간략히 살펴보았다. 그렇다면 마지막으로 한국 고위공직자 임명과정을 어떻게 개선할 것인가라는 문제의식 하에서 미국의 인사청문 및 인준제도가 시사하는 점들을 살펴보도록 하자.

첫째, 상원에 인준동의안을 제출하기 전까지 대통령과 백악관에서 수행하고 있는 철저한 인사검증과정은 한국 고위공직자 임명과정에도 반드시 도입될 필요가 있다. 후보자의 비윤리적이고 불법적인 과거 행적이 단골메뉴로 등장하고 있는 한국 인사청문회와 비교하여 미국의 인사청문회는 주로 후보자의 정책적 비전이나 전문성에 초점을 맞추어 진행되고 있다(김일환·장인호 2010; 전진영 외 2009). 이것은 인사청문회에 참여하는 한국 국회의원과 미국 상원의원의 수준 차이에서 비롯된 것이 아니다. 그 보다는 미국에서는 비윤리적이고 불법적인 과거 행적을 지닌 인사들이 대통령의 인선과정에서 철저히 배제되어 문제의 소지를 안고 있는 인사가 상원 인사청문회장에 앉아 있을 가능성이 극히 낮기 때문이다. 후보자 개인적으로 별 문제가 없기 때문에 자연스럽게 인사청문의 초점이 후보자의 업무 능력이나 정책적 과제 등에 놓이게 되는 것이다. 한국도 대통령의 인선과정에서부터 후보자에 대한 철저한 검증을 수행하여 국회의 인사청문회가 후보자의 업무 수행 능력과 정책적 전문성에 대한 진지한 검증의 장으로 전환될 수 있도록 만들 필요가 있다.

둘째, 상원의원 개개인에게 주어져 있는 보류나 의사진행방해와 같은 강력한 제도적 권한은 긍정적인 측면과 부정적인 측면을 동시에 지닌 양날의 칼과 같다. 우선 긍정적인 측면을 살펴보자. 인사청문 및 인준과정에 있어서 상원의원 개개인이 이와 같은 강력한 제도적 권한을 가지고 있기 때문에 대통령은 최대한 신중하게 후보자를 선택하여 지명하고자 하는 유인이 생기게 된다. 만약 대통령이 상원의원들의 선호와 크게 동떨어져 있거나 문제의 소지가 많은 인물을 고위공직 후보자로 지명하게 되면 어떤 식으로든 상원의 인준을 받지 못하게 될 가능성이 높아진다. 이렇게 되는 경우 대통령 권위의 실추와 정치적 자본의 감소라는 심각한 문제가 발생할 수 있다. 이러한 것을 방지하기 위하여 대통령은 고위공직자를 선정하는 과정에서부터 신중에 신중을 기할 수밖에 없다. 결국 논란의 여지가 거의 없는 인물이 대통령에 의해 지명되는 이유는 상원이 강력한 견제수단을 지니고 있다는 제도적 요인이 일정 부분 작용한 결과라고 볼 수 있다.

그러나 상원이 보유하고 있는 강력한 제도적 수단은 때로 부정적인 결과를 유발시킬 수도 있다. 우선 상원이 그와 같이 강력한 제도를 보유하고 있다는 사실은 상원이 인사임명과정에서 대통령의 권력을 견제하는 수준을 넘어 압도할 수도 있게 한다는 측면에서 권력의 추가 지나치게 상원 쪽으로 기울었다고 평가할 수 있다. 이러한 제도 덕분에 상원의원들의 선호는 대통령의 인사 결정에 적극적으로 반영될 수 있다. 하지만 대통령이 자신의 선호에 입각한 인사 선택을 할 수 있는 폭은 그만큼 줄어들 수밖에 없다.

한편 상원이 보유한 강력한 제도적 수단은 특히 정당간 정파적 갈등 수준이 고조될 경우 심각한 문제를 발생시킬 수 있다. 보류나 의사진행방해 같은 규칙은 한 명 또는 소수의 상원의원만으로도 후보자에 대한 인준을 무산시킬 수 있는 강력한 제도이다. 만약 정당간 정파적 갈등 수준이 높게 설정되어 있다면 상원의 그와 같은 제도는 정파적 이익을 추구하기 위한 소수파의 강력한 무기로 돌변할 가능성이 높다. 이 제도가 정파적 이해관계에 따라 악용되고 있다는 증거 중 하나는 민주당과 공화당간의 정파적 갈등 수준이 고조된 1990년대 들어서면서부터 인준과정의 평균 기간이 급격히 증가하고 있다는 사실이다(Binder 2001; Loomis 2001; Pfiffner 2001). 전술한대로 미국에서는 인준과정의 기간이 따로 정해져 있지 않은 상황에서 소수파가 이 제도를 악용하여 대통령과 대통령이 지명한 후보자를 공격하고 있고, 이것이 인준과정의 평균 기간을 상승시키고 있는 것이다. 인준과정이 길어진다는 것은 그만큼 행정부 내의 여러 주요 직책이 오랫동안 공석으로 남아있어야 함을 의미한다. 따라서 이 경우 행정부의 효과적인 업무 수행에 많은 차질이 발생할 수 있다. 결국 상원이 지니고 있는 이와 같은 강력한 제도적 수단은 인사임명과정을 보편적이고 국가적인 이익보다는 정파적 이해관계가 지배하는 상황으로 전락시킬 수 있는 뇌관이 될 수도 있는 것이다.

지금까지 한국과 미국의 인사청문제도가 구체적으로 어떻게 이루어져 있는지 살펴보았다. 그렇다면 이제부터 한국의 인사청문제도가 어떠한 문제점을 안고 진행되고 있는지 본격적으로 논의해보도록 하자.

제3장. 정파적 인사청문회 1: 인사청문회 진행과정[1]

전술한대로 한국에서 인사청문제도는 견제와 균형의 논리에 입각하여 국회가 대통령의 자의적 임명권을 견제하고, 이를 통하여 자격을 갖춘 인사들이 고위공직자로 임명되어 보다 효율적이고 효과적인 국정 운영을 수행해낼 수 있도록 하기 위한 제도적 개선책의 일환으로 추진되었다. 2000년 6월 이한동 국무총리 후보자를 대상으로 최초의 인사청문회가 열린 이후 지금까지 10년이 넘는 세월 동안 인사청문제도가 운영되어오고 있다. 이러한 상황에서 우리가 한 번쯤 제기해볼 수 있는 질문은 과연 인사청문제도가 견제와 균형이라는 도입취지에 맞게 운영되어왔는가 하는 점이다. 이 장은 바로 이와 같은 질문에 대한 답변을 제공하는 것을 주된 목적으로 한다. 이를 위하여 본 연구는 국무총리 후보자에

---

1 이 장의 출처는 다음과 같다. 최준영·조진만·가상준·손병권. 2008. "국무총리 인사청문회에 나타난 행정부-국회 관계 분석: 회의록에 대한 내용분석을 중심으로." 『한국정치학회보』 제42권 2호.

대한 인사청문회에 초점을 맞추어 인사청문회의 진행과정이 구체적으로 어떠한 성격을 지니고 있는지 살펴보고자 한다.

3-1 문제 제기: 인사청문회에 나타난 행정부-국회 관계 양식은 무엇인가?

한국과 미국처럼 대통령제 정부형태를 채택하고 있는 국가들에서 행정부-국회 관계를 살펴보고자 할 때 견제와 균형이라는 몽테스키외(Montesquieu)의 고전적 논의만큼 우리의 인식을 강하게 사로잡는 이론적 프레임도 없다. 실제로 한국 학계에서 입법, 국정감사, 인사청문회 등 행정부와 국회가 관계를 맺는 여러 영역에 대한 연구의 대부분은 이러한 견제와 균형의 논리와 직간접적으로 관련되어 있다고 해도 과언은 아니다(김민전 1999; 김종림 1992; 김현구 1998; 신명순 1999; 최정원 2001; 최준영·이동윤 2006).

그러나 행정부와 국회가 서로 견제하고, 이를 통하여 균형을 이루어 권력의 남용과 부패를 억제한다는 논리는 한 가지 전제조건이 충족되지 못하면 그 의미가 크게 퇴색된다. 그 전제조건이란 행정부와 국회를 구성하고 있는 다양한 구성원들이 자신이 속해 있는 기관의 목적을 위하여 일사분란하게 행동해야 한다는 점이다. 즉 두 기관이 마치 서로 다른 고유의 기능을 지니고 독립적으로 움직이고 있는 유기적인 독립체처럼 간주되지 않는 한, 두 기관이 일대일로 조응하여 서로 견제하고 균형을 이루고자 한다는 논의는 설득력을 갖기 어렵다.

그런데 행정부와 국회를 마치 유기적인 독립체처럼 간주하여 행정부-국회 관계를 해석하는 것이 과연 얼마나 적실성을 갖는가 하는 점에 대해서는 이론의 여지가 있을 수 있다. 왜냐하면 행정부와 국회를 각

각 구성하고 있는 여러 구성원들은 서로 다른 목적과 이해관계를 지닐 수 있으며, 따라서 자신이 속한 기관을 위하여 맹목적으로 행동하지 않을 가능성도 엄연히 존재하기 때문이다. 이러한 가능성을 받아들인다면 행정부-국회 관계는 이 관계에 참여하고 있는 행위자들이 어떤 방식으로 연합하고 분열하는가에 따라 다양한 양상을 보일 것으로 예측할 수 있다.

서유럽 민주국가들의 행정부-국회 관계를 비교 분석한 일련의 정치학자들은 견제와 균형의 논리는 현대정치에서 핵심적 역할을 수행하는 정당의 영향을 고려대상에서 제외함으로써 정치현실을 지나치게 단순화시키고 있다고 비판한다(Andeweg 1992; Andeweg and Nijzink 1995; Hazan 1997; King 1976; Muller 1993). 그리고 이들은 국회를 여당과 야당으로 구분한 뒤 여야 소속 의원들과 내각 사이에 어떠한 상호작용의 유형이 나타나고 있는지 구체적으로 살펴볼 필요가 있다고 주장한다. 이들에 따르면 적어도 세 가지의 행정부-국회 관계 양식이 나타날 수 있다.

첫 번째 행정부-국회 관계 양식은 비정당 양식(non-party mode)이다. 이 양식은 행정부와 국회를 구성하고 있는 행위자들이 자신이 속한 기관을 위하여 활동하고 있을 때 나타난다. 즉 소속 정당과 상관없이 의원은 국회의 구성원으로서 국회의 본분과 이해관계를 반영하고자 하며, 내각 구성원은 행정부의 구성원으로서 행정부의 목적을 달성하고자 하는 방향에서 양자간의 상호작용이 발생할 때 이와 같은 양식이 나타난다. 그러므로 비정당 양식은 견제와 균형의 논리를 통하여 본 행정부-국회 관계와 일맥상통하는 것이라 할 수 있다.

두 번째 행정부-국회 관계 양식은 정당간 양식(inter-party mode)이다.[2] 이 양식은 소속 정당에 따라 의원과 내각 구성원이 분열되어 서로 대립하고 있을 때 나타난다. 즉 이러한 종류의 행정부-국회 관계는 행정부와 여당이 한 팀을 구성하고, 야당이 또 다른 한 팀을 구성하여 양자가 서로 대립하고 있는 경우 발생한다. 그리고 이 때 국회는 정당이 서로 충돌하고 대결하는 하나의 장(arena)으로 간주된다(Polsby 1975).

세 번째 행정부-국회 관계 양식은 교차정당 양식(cross-party mode)이다. 이와 같은 양식은 정당간 양식처럼 의원과 내각 구성원이 대립하고는 있으나 그들을 구분하고 있는 균열선이 정당이 아니라 특수한 이해관계일 때 나타난다. 예를 들어 특정 사회집단의 이익을 대변하기 위하여 소속 정당과 상관없이 이 집단을 지지하는 의원과 내각 구성원들이 결집하고, 이들이 이 집단을 반대하는 다른 의원, 그리고 내각 구성원과 대립할 때 이러한 양식이 나타날 수 있다.

이처럼 행정부-국회 관계는 이 관계에 참여하고 있는 행위자들이 어떻게 상호작용하고 있는가에 따라 다양한 양상을 띠게 된다. 그런데 여기서 한 가지 주목해야 할 점은 이 세 가지 행정부-국회 관계 양식이 상호배타적인 것만은 아니란 것이다(Andeweg and Nijzink 1995). 즉 특정 국회의 회기가 지속되는 동안 정당간 양식뿐만 아니라 비정당 양식과 교차정당 양식이 모두 나타날 수 있다는 것이다.

그렇다면 문제는 언제 어떤 양식이 행정부-국회 관계의 지배적인 양식이 되는가 하는 점이다. 앤디웨그와 니징크(Andeweg and Nijzink

---

2 정당간 양식은 정당 내 양식(intra-party mode)과 여야 대립양식(opposition mode)으로 구분될 수 있다(Andeweg 1992; Andeweg and Nijzink 1995). 정당 내 양식은 정당연합에 의하여 행정부가 구성되어지는 경우 연합정당들간의 대립양상을 반영하는 양식이다.

1995)는 행정부-국회 관계를 규정짓는 현안이 무엇인가에 따라 그 관계 양식이 변할 수 있다고 주장한다. 예를 들어 정치적으로 민감한 사안이 등장할 때는 정당간 양식이, 국정감사처럼 국회가 행정부를 감시해야 하는 상황에서는 비정당 양식이, 그리고 지역적 이슈나 정책 관련 이슈들을 논할 때에는 교차정당 양식이 등장할 수 있다는 것이다.

그렇다면 국회의 인사청문회는 위의 세 가지 행정부-국회 관계 양식 중 어떤 양식에 입각하여 진행된다고 할 수 있는가? 견제와 균형이라는 인사청문제도의 도입 취지대로 비정당 양식이 주를 이루고 있는가? 아니면 그와는 다른 행정부-국회 관계 양식이 나타나고 있는가? 만약 한국의 인사청문회가 비정당 양식에 의하여 이루어졌다면 고위공직 후보자에 대한 객관적인 능력과 자질에 대한 국회 차원의 진지한 검토가 논의의 중심이 되었을 것이다. 그러나 인사청문회에 대한 언론보도를 접해 보면 인사청문회는 이와는 매우 다른 양상을 띠고 전개된 것으로 생각된다. 즉 후보자에 대한 객관적인 능력과 자질에 대한 검증보다는 후보자에 대한 무차별적 공격이나 정부에 대한 비판 등이 주로 제기됨으로써 여야간 치열한 정치적 공방이 인사청문회의 주된 특징이 되어 왔다는 것이다. 만약 그렇다면 인사청문회에 나타난 행정부-국회 관계는 비정당 양식이 아니라 정당간 양식이 지배적인 양식이었다고 할 수 있을 것이다.

그렇지만 인사청문회가 정당간 양식에 의하여 진행되었다는 주장은 다소 과장되어 있을 가능성도 배제하지 못한다. 왜냐하면 언론매체의 특성상 선정적이고 갈등적인 내용들만이 집중적으로 보도될 가능성이 있고, 따라서 인사청문회에서 발생한 몇 안 되는 여야간 정치적 대립과 갈등 상황이 과다하게 대표되어 언론에 보도되었을 수도 있기 때문이다.[3] 만약 그렇다면 인사청문회에 나타난 행정부–국회 관계는 비정당 양식일 수 있다는 가설을 완전히 폐기하기 힘들게 된다.

결국 비정당 양식과 정당간 양식 중 어느 것이 인사청문회를 규정하는 행정부–국회 관계 양식인지에 대해서는 경험적인 데이터를 사용하여 판단할 수밖에 없어 보인다. 그렇다면 지금부터 본 연구가 인사청문회를 통해서 드러난 행정부–국회 관계 양식을 경험적으로 검증하기 위하여 어떻게 데이터를 수집하였는지, 그리고 경험적 검증을 위해서 어떠한 연구설계를 사용하고 있는지에 대하여 논의해보도록 하겠다.

---

3 최선열·김학수(2002)는 많은 언론매체가 국회와 의원에 대하여 부정적인 관점에서 편향되게 보도를 하고 있다는 점을 밝히고 있다. 언론매체가 국회의 인사청문회를 어떻게 보도하고 있는지에 대해서는 이 책의 제6장을 참고하시오.

3-2 데이터 수집과 연구설계: 국무총리 인사청문회 회의록 내용분석

(1) 데이터 수집과정

제2장에서 이미 언급한 바와 같이 한국에서 인사청문회는 대법원장과 국무총리부터 국무위원이나 방송통신위원회 위원장 등 다양한 고위공직을 대상으로 진행되고 있다. 그리고 2000년 2월 인사청문제도가 도입된 이래 이미 수많은 인사청문회가 진행되어왔다. 이상적으로는 국회에서 지금까지 진행된 모든 인사청문회를 이 연구의 분석대상으로 해야하는 것이 맞을 것이다. 그러나 우리는 인사청문회 전체 회의록을 분석하고 있는 본 연구의 특성상 모든 인사청문회를 분석대상으로 삼는 것이 현실적으로 불가능하다는 판단 하에 특정 인사청문회에 국한시켜 연구를 진행하기로 결정하였다.

본 연구는 국무총리에 대한 인사청문회를 분석대상으로 선택하였는데, 이는 일인지하 만인지상(一人之下 萬人之上)의 위치에 있는 국무총리에 대한 인사청문회는 다른 공직 후보자에 대한 인사청문회보다 그 중요성의 수준이 훨씬 높다고 판단하였기 때문이다. 다른 공직을 대상으로 하는 인사청문회에 대한 분석은 아쉽지만 향후 연구과제로 남겨 놓고자 한다.[4]

---

4 그렇지만 우리는 다른 공직을 대상으로 하는 인사청문회도 국무총리 인사청문회와 크게 다르지 않을 것이라 판단한다. 이렇게 판단할 수 있는 근거는 대통령, 여당, 야당이 인사청문회를 통하

필자들[5]은 우선 유시민 보건복지부 장관 후보자, 이상수 노동부장관 후보자, 고건 국무총리 후보자에 대한 인사청문회 회의록을 읽어보고, 인사청문회에서 의원들이 질의한 질문이나 발언의 성격을 어떻게 분류할 수 있을 것인지 논의하였다. 이 세 가지 사례를 선택한 이유는 다음과 같다.

우선 의원들의 질의와 발언에 대한 분류가 편향되지 않고 포괄적일 수 있도록 만들기 위해서는 비슷한 성격의 인사청문회만 살펴보아서는 안 된다는 생각을 하였다. 따라서 가장 논란이 많았던 인사청문회(유시민)와 비교적 논란이 적었던 인사청문회(이상수)를 다 함께 살펴봄으로써 의원들의 질의와 발언에 대한 분류가 가능한 한 포괄적이 될 수 있도록 노력하였다.

둘째, 본 연구의 분석대상인 국무총리에 대한 인사청문회 회의록만을 읽고 의원들의 질의나 발언을 분류할 경우 연구결과를 의식한 분류가 만들어질 수도 있다는 위험성이 제기되었다. 따라서 일단 장관 후보자에 대한 인사청문회를 중심으로 의원들의 질의와 발언의 성격을 분류해보고, 이러한 분류가 적절한지 고건 국무총리 후보자에 대한 인사청문회 회의록을 통하여 검증해보는 방식으로 논의가 진행되었다.

분류작업은 될 수 있는 한 인사청문회에서 의원들에 의하여 제기된 모든 질문이나 발언을 포괄할 수 있는 세부범주를 만드는데 그 초점을

여 각기 성취하고자 하는 목적이 국무총리뿐만 아니라 대부분의 공직에도 동일하게 적용될 수 있으며, 따라서 이들은 대부분의 인사청문회에서 비슷한 행태를 보일 것이라고 예측할 수 있기 때문이다. 대통령, 여당, 야당이 인사청문회를 통하여 달성하고자 하는 목적에 대해서는 이 책의 제5장을 참조하시오.

5 국무총리 인사청문회 회의록을 내용분석하고, 이를 통하여 데이터를 구축하는 작업은 이 책의 저자 두 명과 가상준 교수(단국대) • 손병권 교수(중앙대)가 공동으로 수행하였다는 점을 밝힌다.

맞추었다. 논의 결과, 〈표 3-1〉에 나타나 있는 것처럼 10개의 범주로 의원들의 질의와 발언을 구분할 수 있었다. 이러한 10개의 세부 질의범주는 크게 기능적 범주와 정치적 범주의 두 가지 상위범주로 정리해볼 수 있다. 기능적 범주란 후보자의 도덕성[6]이나 능력[7] 등 후보자의 자질에 대

6 도덕성에 포함된 범주 중 윤리적 부적절성에 관련된 질의의 예는 다음과 같다: "그렇다면 총리 후보자가 여야 의원들한테 인준 통과를 부탁하는 것은 인사 청탁에 해당된다고 생각하십니까, 안 된다고 생각하십니까?" 반면 윤리문제 소명과 관련된 질의의 예는 다음과 같다: "당선될 가능성이 떨어지니까 출마를 안 하시려고 하는 것은 아닌가 이런, 그 동안 양지를 밟아 오신 분으로서 음지가 될 가능성이 있으니까 본인이 선택을 안 하신 것 아닌가 이렇게 저희들은 섭섭한 마음이 있었습니다마는 그 과정에 어느 분이 또 이런 말씀을 하시더라고요. 저희들이 몇 번이나 찾아가서 간곡히 부탁을 드리니까 "이것은 아버지와의 약속이다. 아버지와 나는 서울시장을 딱 한 번만 하고 더 이상 안 하는 것으로 했다"라는 약속을 말씀하시면서 "나는 도저히 할 수 없다" 이런 말씀을 끝까지 하셨다고 하는데 그것도 사실입니까?"
7 능력에 포함된 범주에서 현안에 대한 의견 및 판단과 관련된 질의로는 다음과 같은 예를 들 수 있다: "이 후보자께서는 우리나라의 공교육이 붕괴되고 있다는 주장에 대해서 어떻게 생각하십니까?" 정책적 비전과 대안에 대한 질의로는 다음과 같은 예를 들 수 있다: "우리나라 문화재가 약탈됐거나 밀반출된 문화재가 한 7만여 점이 지금 해외에 나가 있고요, 개인 소장한 것까지 하면 한 10만점이 나가 있다고 생각을 하고 있습니다. 총리 후보자께서는 이 문화재를 환수하기 위해서 어떤 대책이 있어야 된다고 생각하십니까?" 한편 과거 공직업무에 대한 긍정적 평가와 연계된 질의의 예는 다음과 같다: "이번에도 보면 지하철 내에 인화물질이 그대로 방치되어 있었다든지 또는 배연조치가 제대로 되어 있지 않다든지 이런 것들이 있었지만 그 담당자들의 안전 불감증, 안전에 대한 대책의 소홀함, 이것들이 위험을 확대시키고 참사를 더 불러일으킨 측면이 있었습니다. 화재가 난 그 당해 지하철 내에서 보다 오히려 상대방에서 교행해서 들어왔던 지하철에서 많은 인명의 사상자가 났던 것을 알 수 있습니다. 구조, 안전 또 시설에 대한 것도 중요하지만 그것을 담당하고 있는 사람들을, 위험에 직면한 사람들이 어떻게 위기에 대한 관리, 긴급 상황에 대한 재난보호 대책에 대한 대비가 되어 있는가가 중요하다고 생각을 합니다. 고건 후보자께서는 재임 시에 서울시에 종합방재센터를 창설하고, 시민안전체험관을 건립해서 재난사고에 실질적인 사람들에 대한 대비를 했다는 것을 본 적이 있는데 그것은 뭡니까? ..... 시민안전체험관이 잘 운영이 돼서 만약에 대구에도 이런 제도가 잘 운영이 됐다면 이번에 확대된 위험, 이것들을 좀 방지했을 수는 있지 않았나 하는 생각을 하는데 후보자께서는 어떻게 생각하십니까?" 마지막으로 과거 공직업무의 부적절성에 대한 질의의 예는 다음과 같다: "그러면 외환위기를 수차례 보고 받고도 결국 그에 대해서 역할을 한 것은 없는 것이 아니냐는 지적들이 있자 그 때 뭐라고 대답하셨냐 하면 "보고를 받은 것은 맞지만 경제정책에 실질적으로 관여할 수 있는 위치에 있지 않았기 때문에 나에게 책임을 묻는 것은 어불성설이다" 어불성설이라는 표현까지 하면서 책임을 강하게 부인하셨습니다. 그렇게 말씀하신 것 맞지요?"

한 검증이라는 인사청문회 고유의 기능과 연결되어 있는 질의와 발언을

〈표 3-1〉 의원의 질의나 발언에 대한 분류

범주		세부분류	질문이나 발언의 내용
기능적 범주	후보자의 도덕성	윤리적 부적절성	• 후보자의 윤리와 관련된 부정적 질문이나 발언
		윤리문제에 대한 소명	• 후보자와 관련된 윤리문제에 대한 해명의 기회를 주는 질문이나 발언 또는 후보자의 윤리와 관련된 긍정적 질문
	후보자의 능력	현안에 대한 의견 및 판단	• '현재'의 특정 사안이나 정책, 현안문제 등에 대한 후보자의 입장, 문제에 대한 특정한 파악방식, 의견, 견해, 해석, 관점 등과 관련된 질문이나 발언
		정책적 비전과 대안	• 특정 사안, 정책, 현안문제, 상황 등과 관련하여 이를 해결하거나 개선할 수 있는 후보자의 '미래'의 정책, 아이디어, 비전, 향후 구상 등과 관련된 질문이나 발언
		과거 공직업무에 대한 긍정적 평가	• 후보자의 과거 공직업무 수행에 대한 긍정적 평가, 함의 등이 포함된 질문이나 발언
		과거 공직업무의 부적절성	• 후보자의 과거 공직업무 수행에 대한 부정적인 평가, 함의 등이 포함된 질문이나 발언

범주		세부분류	질문이나 발언의 내용
정치적 범주	의원의 정치적 성향	위원의 정책적 판단	• 청문회 위원 개인의 정책판단, 이념적/정책적 신념 등을 개진하는 질문이나 발언
		정부정책 비판	• 정부의 구체적 정책에 대해 위원의 비판이 담겨 있는 질문이나 발언
		정부에 대한 당부	• 정부에 대한 당부성 질문이나 발언
	의원의 지역구 이익	지역구 이익 고려	• 지역구 이익이나 지역구민의 정서를 염두에 둔 질문이나 발언

포함하는 범주이다. 정치적 범주는 후보자의 자질에 대한 검증과는 상관없이 의원의 정치적 성향[8]이나 그들의 지역(구)적 이익을 고려[9]하는 내

---

8 정치적 성향에 포함된 범주에서 정부에 대한 비판과 관련된 질의의 예로 다음과 같은 것을 들 수 있다: "더욱이 김선일씨는 벌써 돌아가셨는데 그 상황에서 외교부에서는 희망이 보인다고 보고를 하고, 또 대통령께서는 좋은 소식이 있을 것 같다고 한 것이 보도되었을 때 전 세계에 조롱거리가 되지 않았겠습니까? 두 번째, ... 그렇다고 그러면 대사관 직원이라든지 필수요원을 빼고 나면 50~60명에 가까운 우리 대한민국 국민이 있는데, 정말 대가족만 한 정도의 사람들이 전시상태에 있는데도 관리하지 못하는 것이 대한민국 정부라면 대한민국 정부가 국민의 생명과 재산을 지킨다고 할 수 있겠습니까?" 그리고 정부에 대한 당부의 질의는 다음과 같다: "우리 후보자께서 아주 확고한 그런 심념을 가지고 계신 데 대해서 아주 크게 안심이 됩니다. 사실 국가안보 부분에서는 항상 기본이 국가이익이기 때문에 때로는 국민들의 여론과는 배치되는, 어떤 때는 인기가 떨어지는 것을 감수하면서까지 강행하지 않으면 안 되는 그런 요소들이 너무나 많이 존재한다는 것을 인식해 주시기를 다시 당부드리겠습니다." 마지막으로 의원 개인의 정책적 판단과 관련된 질의의 예는 다음과 같다: "사회 양극화 문제는 여러 가지 요인에 의해서 발생한다고 봅니다. 그렇기 때문에 해결방안도 하나의 방안이 아니라 다양한 방안들이 모색되어야 한다고 보고 있습니다. ... 그래서 문제를 해결하기 위해서도 가장 중요한 것은 우리 근로대중들에게 소위 말하는 괜찮은 일자리, 쫓겨나지 않고 또 안정적으로 일할 수 있는, 그러면서 자기 삶을 설계할 수 있는 안정적인 일자리를 어떻게 보장해 주느냐, 그리고 또 같이 일을 할 때 얼마만큼 정당한 대가를 받으면서 살아갈 수 있느냐, 이 조건을 부여하는 것이 사회 양극화 해결의 가장 핵심이다. 저는 그렇게 봅니다. 동의하십니까?"

9 지역구 이익을 고려한 질의의 예로 인천(계양구 을)이 지역구인 송영길 의원의 질문을 들 수 있다: "거기에 덧붙여서, 이것은 반대 케이스입니다만, 저희가 경인운하 사업을 하고 있는데 총리께서 한 번 현장에 가 보셨으면 좋겠습니다. 이미 14km, 폭 60m로 방수로 공사가 완성이 되어 있고 폭 80m 공사가 진행 중입니다. 이것은 오세훈 서울시장이 말한 대로 바다를 서울로 끌어

용을 담고 있는 범주라 할 수 있다.

한편 인사청문회 회의록을 살펴보면 의원들이 단순한 사실 확인 차원에서 후보자에게 질의를 하는 경우를 자주 발견할 수 있다.[10] 이 연구에서는 사실 확인 차원에서 제기된 질문도 측정하였으나 연구주제와 관련하여 특별한 의미를 갖기 힘들기 때문에 이에 대한 별도의 분석은 수행하지 않도록 할 것이다.

우리는 이와 같은 두 개의 상위 범주 내 10개의 세부범주를 중심으로 노무현 정부에서 실시된 4명의 국무총리 후보자(고건, 이해찬, 한명숙, 한덕수)에 대한 인사청문회 회의록을 분석하였다. 우리는 또한 내용분석의 신뢰도를 높이기 위하여 배비(Babbie 2002, 195)가 제안한 조사 반복과 토론을 통한 합의의 방식을 채택하였다. 구체적으로 각각의 연구자는 먼저 각 회의록에 나타난 의원들의 질의나 발언의 성격이 열 개의 범주 중 어디에 속한 것인지 개별적으로 분석하였다. 개별적 분석이 끝나고 나서 연구자들은 한 자리에 모여 의원 각각의 질문에 대한 범주가 제대로 측정되었는지 교차검증을 수행하였다. 교차검증 작업은 코딩의 오류를 최소화하기 위하여 각 의원들의 질문이 어떤 범주에 속하는지 연구자들의 의견이 하나로 모아질 때까지 토론하는 형식으로 진행되었다. 이 작업은 2007년 1월 24일 첫 모임을 시작으로 2007년 7월 12일까지 진행되어 약 6개월의 시간이 소요되었다.

들여 서울을 항구도시로 만드는 의미도 있습니다. 그리고 대북관계의 물류에 있어서 기존 내륙 운하와 달리 바다를 한강으로 끌어들이는 사업으로서 매우 중요한 사업인데 이게 노무현 정부 5년 동안 표류했습니다. 이에 대한 보고를 받으신 바 있습니까?"

10 예를 들어 이해찬 후보자에 대한 인사청문회에서 심재철 의원이 질의한 다음과 같은 질문은 사실 확인 차원에서 이루어진 것이라 할 수 있다: "재작년에 처가에서 상속 좀 받으셨지요? 현금으로 받으셨습니까?"

(2) 연구의 설계와 가설

국무총리 인사청문회에서 어떠한 양식의 행정부-국회 관계가 나타나는지 검증하기 위한 연구설계는 다음과 같다. 우선 인사청문회에서 질의나 발언을 한 의원들을 여당의원과 야당의원으로 구분하여 이들이 열개의 범주에 포함되는 질문을 얼마나 하였는지 그 빈도를 조사하였다. 그리고 각 범주별로 여당의원들과 야당의원들의 질문빈도의 평균에서 차이가 발생하는지, 그리고 차이가 있다면 그 차이는 통계적 유의미성을 확보하고 있는지 독립표본 t-검증(independent sample t-test)을 통하여 살펴보았다. 인사청문회에 나타난 행정부-국회 관계의 양식이 어떠한 것인지 확인하는 작업은 열 개의 질의범주에 있어서 여야 의원의 차이가 어떠한 유형을 띠고 나타나고 있는지 살펴보는 방식을 통하여 이루어졌다. 이를 좀 더 자세히 설명하면 다음과 같다.

먼저 비정당 양식이 국무총리 인사청문회의 지배적 양식인 경우에 분석결과가 어떻게 나타날지 생각해보자. 만약 비정당 양식이 인사청문회를 규정하고 있는 상황이라면 의원들은 정당이나 기타 국회 외적인 이해관계를 반영하기 위해서가 아니라 국회 본연의 업무를 수행하기 위해서 인사청문회 활동을 하게 된다. 이 경우 모든 의원들은 국회 본연의 업무 수행이라는 공동의 목적을 달성하기 위하여 협동할 것이며, 따라서 여야 의원들간의 차이는 크지 않을 것으로 예상된다. 다시 말해 이처럼 비정당 양식이 지배적인 양식이라면 10개의 질의범주에 걸쳐서 여야 의원간에 차이는 발생하지 않아야 할 것이다.

후보자의 윤리적 부적절성 범주를 예로 들어 설명하자면 다음과 같다. 의원이 소속되어 있는 정당의 이해관계가 아니라 행정부를 견제해야 한다는 국회 본연의 의무가 중요한 행위기준이 되기 때문에 만약 후보자가 도덕적으로 문제가 많은 인물이라면 여야 의원 모두 이 범주에 속한 질문의 양이 많게 나타나야만 한다. 반면 후보자가 도덕적으로 청렴한 인물이라면 이 범주에 속한 질문의 양은 여야 의원 모두 적게 나타나야 할 것이다. 즉 야당의원과 여당의원들이 이 범주에 속한 질문을 한 빈도의 평균은 서로 비슷해야 한다.

그러나 정당간 양식이 국무총리 인사청문회의 지배적 양식이 되는 경우는 앞의 결과와는 상반된 패턴을 보일 것으로 예상된다. 정당간 양식이 형성된 경우 의원들은 자신이 속한 정당의 목적을 위하여 활동하게 된다. 따라서 국회는 여당의원과 야당의원이 대립하고 갈등하는 하나의 장으로 전환된다. 이런 경우 여야 의원들은 열 개의 범주에서 각각 대립하는 유형을 보일 가능성이 높다. 우선 도덕성에 관련된 범주에서 야당의원은 여당의원과 비교하여 윤리적 부적절성에 관련된 질의를 후보자에게 할 가능성이 높다. 반대로 여당의원은 야당의원과 비교하여 윤리적으로 긍정적인 내용이 담긴 질의를 하거나 후보자로 하여금 윤리적 문제에 대하여 소명할 기회를 주는 질의를 할 가능성이 높다.

한편 후보자의 능력에 대한 범주에 있어서 여당의원은 야당의원과 비교하여 후보자의 문제 파악 능력과 정책적 비전에 대한 질문을 더 많이 할 것으로 판단된다. 이러한 종류의 질문들은 후보자가 어렵지 않게 예상할 수 있는 질문이기 때문에 사전에 대답을 준비하였을 가능성이 높다. 여당의원은 후보자의 체면을 살려주고 권위를 올려주기 위하여 이러한 질문을 야당의원과 비교하여 더 많이 할 가능성이 있는 것이다. 한편 여당의원은 야당의원과 비교하여 후보자의 과거 공직업무 수행에 대한 긍정적인 내용을 담은 질문을 할 확률이 높으며, 거꾸로 야당의원은 부정적인 내용을 담고 있는 질문을 할 확률이 높다.

그리고 정치적 성향의 범주에서 여당의원은 야당의원과 비교하여 정부의 정책에 대한 긍정적인 내용을 담고 있는 당부성 질문을 할 가능성이 높은 반면 야당의원은 정부의 정책에 대하여 비판적·공격적 질문을 할 가능성이 상대적으로 높다. 이념적·정책적 성향을 토로하는 질의도 야당의원보다는 여당의원이 더 빈도수가 많을 것으로 예측된다. 왜냐하면 이것은 후보자를 보호하기 위한 하나의 시간 때우기 전략으로 간주할 수도 있기 때문이다. 마지막으로 지역구 고려 차원에서 제시되는 질의들도 야당의원보다는 여당의원이 더 많이 할 것으로 판단된다. 그 이유는 후보자와 같은 편에 속해 있는 여당의원이 부탁하는 내용은 아무래도 야당의원이 부탁하는 내용보다 행정부 정책에 반영될 가능성이 높기에 여당의원들이 더 적극적으로 이 범주에 속한 질의나 발언을 할 확률이 높다고 생각되기 때문이다.

이상의 논의를 통해서 국무총리 인사청문회에 나타난 행정부–국회 관계 양식을 검증하기 위한 가설은 다음과 같이 제시될 수 있다.

• 비정당 양식 가설: 여야 의원별로 10개의 질의범주에 뚜렷한 차이가 나타나지 않는다.

• 정당간 양식 가설: 여야 의원은 10개의 질의범주에 대하여 서로 상반된 차이를 보인다.

만약 통계분석을 통하여 비정당 양식 가설이 타당한 것으로 판명되는 경우 우리는 인사청문회가 견제와 균형의 논리에 입각하여 이루어지고 있다고 판단할 근거를 마련할 수 있을 것이다. 그러나 정당간 양식 가설이 타당한 것으로 받아들여지게 된다면 우리는 인사청문회가 여야의 정파적 이해관계에 입각하여 이루어지고 있다는 증거를 확보할 수 있을 것이다. 그렇다면 지금부터 이러한 가설들에 대한 경험적 검증의 결과가 어떻게 나타났는지 알아보도록 하자.[11]

---

11 여기서 한 가지 더 논의해 볼만한 것은 교차정당 양식이 과연 인사청문회에 나타날 수 있는가 하는 문제이다. 교차정당 양식은 전술한대로 정당이 아니라 특정 이해관계(예를 들어 지역, 언어, 계급, 여성 등)에 따라 의원과 내각이 연합하거나 대립하는 상황을 가리킨다(Andeweg 1992; Andeweg and Nijzink 1995). 그러나 본 연구에 있어서 교차정당 양식이 존재하는지 여부를 밝히기는 매우 어렵다. 왜냐하면 인사청문회에 참여하고 있는 의원들의 특수 이해관계가 구체적으로 어떻게 고위공직 후보자에 대한 심사활동과 연결되는지 쉽게 파악하기 어렵기 때문이다. 본 연구에서 교차정당 양식의 존재 여부를 검증해보기 위한 유일한 방법은 한명숙 국무총리 후보자에 대한 인사청문회를 분석해보는 것이다. 한명숙 국무총리 후보자는 한국 최초의 여성 국무총리가 될 가능성이 있었다. 따라서 여성의원들의 경우 남성의원들과 비교하여 보다 긍정적으로 한명숙 인사청문회에 임함으로써 남녀 의원간에 대립이 존재할 수 있었다. 즉 여성에 대한 이해관계를 중심으로 균열축이 구성될 가능성이 있었다. 실제로 본 연구는 한명숙 인사청문회에 참여한 남녀 의원들이 10개의 질의범주에서 어떠한 차이를 보이고 있는지 살펴보았다. 10개의 범주에서 통계적 유의미성을 보이고 있는 범주는 단 두 개였으며, 통계적 유의미성($p < 0.05$)을 보였던 두 개의 범주에서도 여성의원들이 남성의원들과 비교하여 한명숙 국무총리 후보자에게 더 우호적인 질의나 발언을 하였다는 증거를 발견할 수 없었다. 그러나 전체 13명의 인사청문회 위원들 중 여성위원이 단 세 명에 불과한 상황에서 교차정당 양식이 존재하지 않는다고 단언하기는 어려워 보인다. 인사청문회에서 교차정당 양식이 나타나는가 하는 문제에 대해서는 향후 보다 심도 깊은 연구가 필요할 것으로 판단된다.

3-3 경험적 결과 제시와 해석

이번 절에서는 앞서 언급한 가설을 경험적으로 검증하기 위하여 수집된 자료의 분석을 시도하고자 한다. 전술한대로 필자들은 인사청문회에서 의원들이 제기한 질문이나 발언의 성격을 10개의 세부범주와 사실확인으로 구분하였다. 본격적인 가설 검증에 앞서 네 개의 인사청문회에서 각 범주에 속한 질의나 발언들이 얼마나 나타났는지 그 빈도와 비율을 살펴보았다. 그 결과는 〈표 3-2〉에 제시되어 있다.

〈표 3-2〉 각 인사청문회에 나타난 의원들의 질의와 발언의 빈도

항목 대상	윤리적 부적절성	윤리문제 소명	현안판단	정책적 비전	과거공직 긍정적	과거공직 부정적	위원 개인의 정책	정부정책 비판	정부에 당부	지역이익	사실 확인
고건	103 11.5%	11 1.2%	135 15.1%	56 6.3%	28 3.1%	84 9.4%	35 3.9%	14 1.6%	27 3.0%	1 0.1%	398 44.6%
이해찬	97 15.4%	5 0.8%	36 5.7%	62 9.9%	18 2.9%	108 17.2%	5 0.8%	45 7.2%	17 2.7%	9 1.4%	226 36.0%
한명숙	35 5.1%	16 2.3%	240 35.1%	25 3.7%	3 0.4%	6 0.9%	51 7.5%	60 8.8%	26 3.8%	0 0%	223 32.6%
한덕수	9 2.4%	2 0.5%	100 26.4%	8 2.1%	3 0.8%	17 4.5%	29 7.7%	46 12.1%	21 5.5%	3 0.8%	141 37.2%

〈표 3-2〉에 따르면 의원들의 질의와 발언의 빈도가 인사청문회별로 차이를 보이고 있다는 점을 확인할 수 있다. 이는 각 후보자가 지니는 개별적 특성과 능력이 달랐고, 따라서 의원들이 인사청문회에서 초점을 맞추는 분야도 달랐기 때문에 나타난 현상이라고 판단된다. 물론 특정 인사청문회가 진행되고 있는 시점에 발생한 중요한 정치적 • 경제적 • 사

회적 사건 등과 같은 외부적 요인이 의원들의 질의 방향에 영향을 미쳤고, 이 때문에 그러한 현상이 나타났을 가능성도 배제할 수는 없다.[12]

전반적으로 보았을 때, 대부분의 인사청문회에서 현안에 대한 의견 및 판단을 묻는 질의나 발언의 빈도가 가장 높게 나타났음을 확인할 수 있었다. 또한 과거 공직업무의 부적절성에 연계된 질의나 윤리적 부적절성에 관련된 질의도 매우 높은 빈도를 기록하였다. 종합하자면 개별적인 인사청문회에서 나타난 질의와 발언의 범주는 서로 차이를 보일 수 있지만 대체로 후보자의 능력과 도덕성에 관련된 기능적 범주에 포함된 질의가 정치적 범주에 속하는 질의보다 훨씬 많이 나타나고 있다고 결론내릴 수 있다.

다음으로 국무총리 인사청문회를 규정짓는 행정부-국회 관계의 양식이 어떤 것인지 알아보기 위하여 의원들을 여당과 야당으로 구분하여 인사청문회에서 그들이 질의하고 발언한 내용을 비교 분석해보았다. 앞서 말 한대로 만약 비정당 양식이 국무총리 인사청문회의 주된 특징이라고 한다면 10개의 세부범주별로 여야 의원들 사이에 차이가 발생하지 말아야 한다. 그러나 만약 정당간 양식이 인사청문회의 주된 특징이라고 한다면 여야 의원들은 10개의 세부범주에 있어서 서로 차이를 보여야 할 것이다. 이에 대한 경험적 검증을 위하여 전체 질의에서 각 세부범주별 질의가 차지하는 비율의 평균을 여당과 야당으로 나누어 산출하였다. 그리고 각각의 평균이 서로 통계적으로 유의미한 차이를 보이고 있는지

---

12 예를 들어 이슬람 과격분자들에 의하여 김선일씨가 납치되어 살해당한 사건이 발생한 경우 안보에 대한 질의가 많이 나왔고, 한미 FTA가 체결된 이후에는 경제문제와 복지문제에 대한 질의들이 많았다.

살펴보았다. 이 결과는 〈표 3-3〉에 제시되어 있다.

<표 3-3> 여당/야당 의원의 세부범주별 평균 발언비율 비교

세부범주	여당 평균	야당 평균
윤리적 부적절성	1%	13%
윤리문제에 대한 소명	4%	0%
현안에 대한 의견 및 판단	23%	19%
정책적 비전과 대안	10%	4%
공직업무에 대한 긍정적 평가	6%	0%
과거 공직업무의 부적절성	2%	11%
위원의 정책적 판단	6%	4%
정부정책 비판	0%	9%
정부에 대한 당부	7%	2%
지역구 이익 고려	1%	0%

주) 1. 10개 세부범주에 있어서 여야 평균의 차는 모두 95% 신뢰 수준에서 통계적으로 유의미하였다.
　 2. 사실 확인 질의의 평균비율은 여당 40%, 야당 38%이다.

우선 도덕성 범주부터 살펴보자. 〈표 3-3〉을 보면 윤리적 부적절성에
관련된 질의나 발언은 여당의원들이 전체 질의의 약 1%를 할당한 반면
야당의원들은 무려 13%를 할애하였음을 확인할 수 있다. 그러나 윤리문
제에 대하여 후보자로 하여금 소명의 기회를 주기 위한 질의나 발언 또
는 윤리에 대한 긍정적 성격의 질문은 여당의원이 4%, 그리고 야당의원

이 0%를 할애하고 있는 것으로 나타났다. 이는 결국 후보자의 도덕성에 관련되어서 여당의원들은 주로 긍정적인 측면의 질문을 하거나 후보자로 하여금 해명할 수 있는 기회를 제공하고자 하는 반면 야당의원들은 후보자의 비윤리적 측면을 집중적으로 파헤치고 공격하고 있다는 점을 의미한다. 따라서 도덕성의 측면에서는 강력한 정당간 양식이 발견되고 있다고 하겠다.

다음으로 후보자의 능력에 연계된 범주를 살펴보자. 현안에 대한 의견을 묻는 질의나 발언은 여야 모두 높은 비율을 보였다. 그러나 여당은 전체 질의의 23%를 이 분야에 할애하고 있는 반면 야당은 19%만을 할애하고 있는 것으로 나타나 여당의원들이 이 분야에서 더 많은 질의와 발언을 하고 있는 것으로 드러났다. 한편 정책적 비전을 묻는 질의나 발언도 여당의원들이 야당의원들보다 더 많이 하고 있는 것을 확인할 수 있다. 전술한대로 이러한 종류의 질문들은 후보자가 어렵지 않게 예상할 수 있기 때문에 사전에 모범답안을 준비해 놓았을 가능성이 매우 높다. 여당의원은 후보자가 자신의 능력을 과시할 수 있는 기회를 제공함으로써 후보자의 체면을 살려주고 권위를 올려주기 위하여 이러한 질문을 야당의원과 비교하여 더 많이 한 것으로 판단된다. 그리고 과거 공직업무에 대한 긍정적 평가에 연계된 범주에 있어서 여당의원(6%)은 야당의원(0%)보다 더 높은 비율로 질의하고 있는 것으로 나타났다. 반면 과거 공직업무에 대한 부정적 평가에 연계된 범주에 있어서는 야당의원(11%)이 여당의원(2%)보다 더 높은 비율로 질의하고 있는 것으로 드러났다. 이러한 결과는 후보자의 능력에 관련된 측면에서도 여야간 대립이 존재하고 있음을 보여준다. 따라서 이 범주에서도 정당간 양식이 지배적으로 나타나고 있음을 확인할 수 있다.

　정치적 성향 범주에 있어서도 상황은 마찬가지이다. 정부정책에 대한 비판에 있어서는 야당의원들(9%)이 여당의원들(0%)보다 더 많이 질의하거나 발언하였다. 반면 정부에 대한 긍정적인 당부의 말은 여당의원들(7%)이 야당의원들(2%)보다 많이 하고 있는 것으로 나타났다. 또한 의원들이 후보자에 대한 검증과 상관없이 자신의 개인적 신념이나 정책적 판단을 발언하고 있는 경우는 야당의원보다 여당의원들에게 더 자주 나타났다. 한편 지역(구)적 이익의 범주에 연계된 질의나 발언을 한 경우는 여야 모두 낮은 비율을 보이고 있어서 지역구 이해관계가 인사청문회 과정에 적극적으로 개입되고 있지는 않은 것으로 분석되었다. 그러나 이 범주에 있어서 비록 그 차이가 크지는 않지만 여당의원들이 야당의원들보다 더 많은 질의와 발언을 한 것으로 나타났다. 이는 앞서도 얘기하였지만 후보자와 같은 팀에 속한 여당의원들이 자신의 정치적 이해관계를 행정부에 투영하기가 야당의원들보다 용이하기 때문에 나타난 현상이라 판단된다.

　이상의 경험적 분석결과는 인사청문회에 나타난 행정부-국회 관계 양식에 관련된 두 가지 가설 중 정당간 양식 가설이 현실을 보다 적절히 반영하고 있다는 점을 밝히고 있다. 따라서 우리는 국무총리 인사청문회를 규정짓는 행정부-국회 관계가 견제와 균형의 논리보다는 정파적 이해관계에 입각하여 형성되어 있다고 결론내릴 수 있다. 견제와 균형이라는 인사청문제도의 도입 취지는 여야간 정파적 이해관계라는 커다란 그늘에 가려 대체로 무시되고 있는 형편인 것이다.

　이러한 연구결과는 결국 인사청문회에 임하는 의원들이 자신의 소속 정당의 여야 여부에 따라 완전히 다른 목적과 동기를 가지고 인사청문회에 임하고 있다는 점을 시사한다. 그리고 정당의 여야 관계가 뒤바뀌게 되는 경우 인사청문회에 참가하고 있는 의원들의 질의와 발언의 성격도 뒤바뀔 것이라는 예측도 가능하게 한다. 예를 들어 과거에 야당에 속해있던 의원들은 도덕성의 측면에서 후보자의 부정적인 측면만을 부각시켰으나, 이들이 여당으로 바뀌게 되면 긍정적인 측면에서 후보자의 도덕성을 강조하기 위하여 많은 노력을 기울일 수 있다는 것이다.

이러한 가능성을 확인해보기 위하여 우리는 이명박 정권이 들어선 이후 첫 번째 국무총리로 내정되었던 한승수 후보자에 대한 인사청문회 회의록을 분석해보았다.[13] 한승수 국무총리 후보자에 대한 인사청문회를 진행한 국회는 제17대 국회로 2008년 한나라당 소속 이명박 대통령의 집권으로 인하여 국회 내 여당과 야당이 뒤바뀌었다는 점을 빼고는 노무현 정권 대부분의 기간과 동일한 국회이다. 이 점을 유념해두고 〈표 3-4〉를 살펴보기 바란다.

재미있지 않은가? 노무현 정권 당시 인사청문회 장에서 후보자에 대하여 맹공을 쏟아 붓던 한나라당은 여당이 되면서 후보자를 적극적으로 보호하는 보디가드로 돌변하였다. 반면 대통령선거에서 패배한 후 야당이 된 통합민주당(열린우리당)은 과거 여당 시절 후보자를 보호하던 모습은 온데 간데 없이 사라지고, 갑자기 비판의 칼날을 곧게 세워 후보자를 공격하는 저격수로 탈바꿈하였다. 여야의 지위가 바뀌게 되면서 인사

---

13 한승수 후보자 회의록에 대한 분석은 이 글의 출처가 된 논문에 포함되어 있지 않다. 동일한 4인의 연구자가 한승수 국무총리 후보자에 대한 인사청문회 회의록을 동일한 방식으로 측정하여 데이터를 확보하기는 하였으나 지면상으로 통계분석 결과가 발표된 적은 아직 없었다.

청문회에 임하는 위원들의 행태도 180도 바뀌게 된 것이다.[14]

〈표 3-4〉 여당/야당 의원의 세부범주별 평균 발언비율 비교: 한승수 후보자

세부범주	여당 평균 (한나라당)	야당 평균 (통합민주당)
윤리적 부적절성	0%	20%
윤리문제에 대한 소명	18%	0%
현안에 대한 의견 및 판단	29%	13%
정책적 비전과 대안	9%	3%
공직업무에 대한 긍정적 평가	4%	0%
과거 공직업무의 부적절성	0%	4%
위원의 정책적 판단	10%	4%
정부정책 비판	0%	13%
정부에 대한 당부	8%	7%
지역구 이익 고려	1%	2%

주)1. 10개 세부범주에 있어서 여야 평균의 차는 '정부에 대한 당부'와 '지역구 이익 고려' 범주를

14 한편 필자들은 국무총리 인사청문특별위원회의 구성 문제와 관련하여 의원 및 의원보좌관들을 대상으로 인터뷰를 수행한 바 있다. 우리가 인터뷰를 통하여 확인한 내용은 다음과 같다: 국무총리 인사청문특별위원회의 위원 선임은 각 정당의 원내대표와 부대표단의 논의를 통하여 이루어지게 된다. 이 때 여당의 경우 수비수 역할을, 그리고 야당의 경우 공격수 역할을 제대로 수행할 수 있는 의원들을 선임하는 것이 핵심적인 고려사항이 된다. 이처럼 국무총리 인사청문특별위원회 자체가 수비수와 공격수의 임무를 가장 잘 수행할 수 있을 것으로 기대되는 의원들을 중심으로 구성이 되고, 실제로 정당 차원에서 이를 강력히 요구하기 때문에 위원의 개인적인 특성들이 인사청문회 과정에서 크게 반영되기는 쉽지 않다. 의원과 의원보좌관들은 공식적으로는 국무총리 인사청문회가 실시되기 이전에 위원들이 자료제출요구서를 작성하여 정부로부터 후보자에 대한 정보들을 취득하게 된다. 하지만 실질적으로 중요한 정보들의 상당수는 정당 차원의 정보 수집과 제보 등을 통하여 얻게 된다. 국무총리 인사청문특별위원회에 선임된 위원들은 여야별로 개별적인 팀을 이루어 수시로 접촉하면서 정보 공유, 대책 마련, 업무와 역할 분장 등을 한다. 이러한 인터뷰 결과는 인사청문특별위원회 구성 단계에서부터 이미 정파적 이해관계가 중요한 기준이 되고 있음을 나타내고 있다. 이에 대한 보다 자세한 내용은 조진만 • 최준영 (2010)을 참조하시오.

제외하고 모두 95% 신뢰 수준에서 통계적으로 유의미하였다.
2. 사실 확인 질의의 평균비율은 여당 21%, 야당 34%이다.

결국 〈표 3-3〉과 〈표 3-4〉에 제시된 결과는 국무총리 인사청문회가 상당한 정도 청문회 참석 위원들의 소속 정당에 의해서 주도되었으며, 따라서 전반적으로 정당간 대립을 특징으로 진행되고 있다는 점을 보여주고 있다. 그리고 인사청문회에 나타난 정당간 대립은 후보자에 대한 '여당의 방어-야당의 공세'라는 구체적인 형태로 발현되고 있다. 이와 같은 "여방야공"(與防野攻)의 정파적 인사청문회는 권력분립 체제의 대통령제 하에서 국회가 하나의 분립된 정치기구로서 기능하며, 고위공직 후보자의 자질과 전문성을 따져야 한다는 취지와는 상당히 거리가 있는 것이다. 결론적으로 한국의 인사청문제도가 지니고 있는 가장 심각한 문제는 국회 차원의 객관적이고 공정한 인사검증보다는 여야의 정파적 이해관계에 입각한 정쟁이 주가 되고 있는 현실 속에서 찾을 수 있다.

지금까지 국무총리 인사청문회를 대상으로 한국의 인사청문회가 어떻게 이루어지고 있는지 그 진행과정에 초점을 맞추어 살펴보았다. 견제와 균형이라는 비정당적 양식이 아니라 정파적 이해관계가 반영되고 있는 정당간 양식을 띠고 인사청문회가 진행되고 있다는 점에서 우리는 암울한 결론에 도달하였다고 할 수 있다. 그렇다면 인사청문회의 최종적 결과, 즉 고위공직 후보자에 대한 국회의 임명동의 여부는 어떠한 요인에 의해 결정되고 있는지 궁금하지 않을 수 없다. 진행과정과 마찬가지로 인사청문회의 최종적 결과도 정파적 이해관계에 의해 결정되고 있는가? 아니면 정파적 이해관계와는 성격이 다른 요인이 고위공직 후보자에 대한 국회의 임명동의 여부에 중요한 영향을 미치고 있는가? 인사청문회의 진행 자체가 정파성을 띠고 있으니 그 결과도 뻔한 것 아니겠는가라고 생각하는가? 아니면 '미워도 다시 한 번'이라는 오래된 영화의 제목처럼 우리 국회에 대하여 '혹시?'라는 일말의 기대라도 품고 있는가? 이에 대해서는 다음 장에서 구체적으로 살펴보도록 하자.

제4장. 정파적 인사청문회 2: 인사청문회의 결과[1]

앞 장에서 분석한 것처럼 인사청문회는 정파적 속성을 지니며 진행되어 왔다. 즉 인사청문회의 진행과정은 견제와 균형의 비정당 양식이 아니라 정당간 양식이 지배적이었다. 그렇다면 인사청문 과정의 최종적인 결과, 즉 고위공직 후보자에 대한 국회의 임명동의 여부는 어떠한 요인에 의하여 결정되는가? 사실 이론적인 관점에서 볼 때 고위공직 후보자에 대한 국회의 임명동의 여부는 공직 후보자의 리더십이나 윤리적 문제와 같은 개인적 특성에서부터 여야간 정파적 갈등 수준과 같은 정치 환경적 요인까지 매우 다양한 요인들이 영향을 미칠 수 있다. 이 장은 이와 같은 여러 요인들 중 특히 어떤 요인이 인사청문 과정의 최종적 결과에 중요한 영향을 미치고 있는지를 경험적으로 확인하는 데 주된 연구

---

1 이 장은 최준영·전진영. 2012. "행정부 고위공직자에 대한 국회의 임명동의 결정요인: 국회는 왜 고위공직 후보자 임명에 동의하는가?"『한국정치연구』제21집 제2호에 게재된 논문을 수정·보완한 것이다.

목적을 두고 있다.

구체적으로 이 장은 다음과 같이 구성되어 있다. 제1절에서는 고위공직 후보자 임명동의에 영향을 미치는 요인들에 대한 이론적·경험적 논의들을 미국의 사례에 초점을 맞추어 정리한다. 제2절에서는 앞 절에서 제시된 미국의 논의들을 토대로 한국에서 고위공직 후보자에 대한 국회의 임명동의 여부에 영향을 미치는 요인들로는 무엇이 있는지 살펴보고, 이에 대한 연구가설과 분석모델을 제시한다. 제3절에서는 고위공직 후보자 임명동의 결정요인에 대한 통계분석 결과가 어떻게 나타났는지 살펴보고, 이에 대한 해석과 정치적 함의를 논한다. 그렇다면 이제부터 고위공직 후보자에 대한 국회의 임명동의 여부가 구체적으로 어떤 요인에 의하여 결정되고 있는지 살펴보도록 하자.

4-1 미국 상원의 고위공직자 임명에 대한 동의 여부 결정요인: 기존 연구의 검토

한국의 국회가 어떤 요인에 의하여 대통령이 내정한 고위공직 후보자의 임명에 대하여 찬성 혹은 반대의 의사를 표명하는지 이론적 • 경험적으로 분석한 연구는 거의 없다.[2] 따라서 이 연구는 이미 이 분야에 있어서 상당히 많은 연구가 축적되어 있는 미국 정치학계의 논의를 참고하고자 한다.

미국도 한국과 마찬가지로 대통령제를 채택하고 있으며, 또한 의회(상원)가 대통령의 인사권을 견제하기 위하여 인사청문제도를 실시해오고 있다. 이러한 점은 상원의 고위공직자 임명동의에 관한 미국의 이론적 • 경험적 논의들이 한국에 있어서도 일정 부분 적실성을 가질 수 있다는 점을 시사한다. 물론 제2장에서 논의한 것처럼 한국과 미국의 인사청문제도는 표면상의 유사성에도 불구하고 그 세부적인 측면에서는 많은 차이를 보이고 있는 것이 사실이다. 따라서 미국 정치학계의 논의를 있는 그대로 한국에 적용하겠다는 것은 현명하지 못한 판단일 수 있다. 그럼에도 불구하고 이 분야에 대한 한국 정치학계의 연구가 거의 존재하지 않는 상황에서 미국 사례에 대한 경험적 연구결과들은 이 연구를 수행하는데 있어서 매우 의미 있는 지침을 제공할 수 있을 것으로 생각된다.

---

2 예외적인 연구로 유명회 • 홍준형(2011)이 있다.

그렇다면 우선 고위공직 후보자 임명에 대한 상원의 동의 여부 결정 요인을 분석하고 있는 미국 정치학계의 연구가 주로 어떤 종속변수를 사용하고 있는지부터 알아보자. 제2장에서 이미 언급한 것처럼 미국의 고위공직 후보자의 임명은 상원의 인준투표에 의하여 최종적으로 결정된다. 따라서 이 분야의 대다수의 연구는 상원의 인준투표 결과를 종속변수로 사용하고 있다(Cameron et al. 1990; Epstein et al. 2006; Overby et al. 1992; Segal 1987; Timothy and Roberts 2004). 즉 개별 상원의원들이 공직 후보자에 대한 인준표결에서 찬성표를 던졌는지 혹은 반대표를 던졌는지가 분석의 대상이 된다.[3]

그런데 미국에서는 국무위원 후보자가 상원의 인준투표에서 부결되는 경우가 거의 없는 반면 대법관 후보자는 상원의 인준과정을 통과하지 못하는 경우가 자주 발생하고 있다.[4] 미국의 대법관은 종신제에 의하여 임명된 이후 자발적으로 은퇴하거나 사망할 때까지 그 지위를 유지할 수 있으며, 미국의 중요한 정치적 쟁점에 대한 최종적 판결을 내리는 매우 중요한 역할을 담당하고 있다. 따라서 누가 대법관으로 임명되는가 하는 문제는 장기간에 걸쳐 미국정치의 향방에 매우 중대한 영향을 미치는 사안이 될 수밖에 없다. 이런 상황에서 각 정당은 자신들의 이념적 선호에 부합하는 대법관을 임명하기 위해 치열하게 각축하게 되며, 이

---

3 예외적인 경우로 크루츠 외(Krutz et al. 1998)의 연구를 들 수 있다. 이들은 인준투표를 종속변수로 삼는 경우 인준투표 단계에 도달하기도 전에 좌초된 사례들은 배제될 수밖에 없기 때문에 전체 임명과정을 반영하기 어렵다는 한계가 있다고 지적한다. 따라서 이들은 의원들의 인준투표가 아니라 내정된 공직 후보자의 최종 임명 여부를 종속변수로 사용하였다.

4 미국 상원이 대통령이 지명한 각료에 대한 인준을 거부하는 경우는 2% 미만으로 20세기 동안 장관 후보자에 대한 인준이 거부된 경우는 단 세 차례에 불과하다. 반면 연방대법관 후보자에 대한 인준은 훨씬 엄격한 기준이 적용된다. 실제로 대법관 후보자에 대한 인준안의 4분의 1 정도는 인준이 거부되거나 철회되었다.

는 결국 대법관 후보자에 대한 상원의 인준과정이 다른 공직과 비교하여 순탄치 못한 이유가 된다. 그리고 이러한 현실은 미국 상원의 인준투표에 대한 연구의 대부분이 대법관 후보자에 대한 인준투표에 그 분석의 초점을 맞추게 만들었다.

상원의원들의 대법관 후보자에 대한 인준투표 결정에 중요한 영향을 미치고 있는 요인, 즉 독립변수는 크게 두 가지 차원에서 논의되고 있다. 하나는 후보자 특성에 관련된 요인이고, 또 다른 하나는 인준투표를 둘러싸고 있는 정치적 환경에 관련된 요인이다.

우선 후보자 특성에 관련된 요인은 다음과 같은 두 가지 세부 요인으로 재차 구분해볼 수 있다. 첫째, 고위공직 후보자의 자질이다. 고위공직에 내정된 후보자가 그 자리에 적합한 자질을 지니고 있을수록 실제로 그 자리에 임명될 가능성은 높아진다는 점은 부가적 설명이 필요 없을 정도로 자명한 이치이다. 후보자의 자질은 전반적으로 정책 전문성, 윤리성, 리더십 등의 차원에서 평가할 수 있는데, 대법관 후보자에 대한 인준투표를 분석하고 있는 기존 연구들은 대통령에 의하여 후보자가 내정되고 난 이후부터 인준투표가 있기까지의 기간 동안 주요 신문 사설에 실린 후보자에 대한 기사를 내용분석하여 후보자에 대한 자질을 측정하고 있다(Cameron et al. 1990; Epstein et al. 2006; Segal et al. 1992).[5] 이들의 연구결과에 따르면 뛰어난 자질을 지니고 있는 후보자일수록 더 많은 상원의원들이 찬성투표를 할 가능성이 높은 것으로 나타났다.

후보자 특성과 연계된 두 번째 요인은 후보자 이데올로기이다

---

5 이들 연구는 주요 일간지 사설을 내용분석하여 0점(자질이 가장 떨어지는 경우)에서 1점(자질이 가장 뛰어난 경우) 사이의 점수를 각 후보자에게 부여하였다.

(Cameron et al. 1990; Epstein et al. 2006; Krutz et al. 1998; Massaro 1990; Moraski and Shipan 1999; Segal et al. 1992). 이는 주로 공간이론적인 측면에서 논의되고 있는데, 후보자의 이데올로기가 상원의원들의 이데올로기에 가까워질수록(멀어질수록) 찬성(반대)표를 던질 가능성이 높아진다고 추정된다. 후보자의 이데올로기는 앞서 자질을 측정하는 것과 마찬가지로 주로 신문 사설에 대한 내용분석을 통하여 측정된다.[6] 그리고 상원의원의 이데올로기는 ADA 점수[7] 등이 활용된다. 연구결과에 따르면 후보자의 이데올로기가 상원의 이데올로기와 멀어질수록 인준이 거부될 가능성이 높아진다.[8]

한편 후보자 특성뿐만 아니라 인준투표가 이루어질 당시의 정치적 환경도 인준투표 결과에 많은 영향을 미치고 있는 것으로 논의되고 있다. 이러한 정치적 환경은 다시 대통령 관련 요인과 유권자 선호 두 가지 차원으로 세분할 수 있다. 이 중 보다 중요한 것은 대통령 관련 요인이라 할 수 있는데, 대통령이 지니고 있는 정치적 자본(political capital)의 크기, 후보자에 대한 대통령의 지지 발언, 분점정부 존재 여부 등이 후보자

---

6 후보자의 자질과 마찬가지로 후보자 이데올로기 변수도 0점(보수주의자)에서 1점(진보주의자) 사이의 값을 갖도록 측정되어 있는 경우가 많다.

7 ADA 점수란 Americans for Democratic Action(ADA)이라는 단체에서 공개하는 개별 의원들에 대한 점수이다. ADA는 진보적 정책을 추구하는 단체인데, 매년 의원들의 정책에 대한 표결을 분석하여 각 의원들이 얼마나 진보적 정책을 위해 매진하고 있는지에 대하여 점수를 매기고 있다. 점수는 0에서 100점 사이인데, 0점을 받은 의원인 경우는 극히 보수적이라 할 수 있다. 반대로 100점을 받은 의원의 경우는 극히 진보적이라 할 수 있다. 이러한 ADA 점수는 의원들의 이데올로기를 측정하는 지표로 미국 정치학계에서 오랜 기간 동안 활용되어 왔다.

8 엡스타인 외(Epstein et al. 2006)는 대법관에 대한 상원의 인준투표에 있어서 이러한 이데올로기 변수의 중요성은 이미 1950년대부터 존재하여 왔고, 1987년 로버트 보크(Robert Bork) 대법관 후보자에 대한 인준을 둘러싸고 심각한 갈등이 발생한 이후 그 중요성이 더욱 커지게 되었다는 점을 경험적으로 밝히고 있다.

임명에 있어서 중요한 영향을 미치는 것으로 간주된다.

임기 초반의 밀월(honeymoon) 기간이거나 국민들 사이에 높은 지지를 받고 있는 대통령은 상당히 높은 수준의 정치적 자본을 보유하게 된다. 이런 상황에서 상원이나 하원 의원들이 대통령의 선호에 반대되는 선택을 하는 경우 정치적으로 곤란한 상황에 빠질 가능성이 있다. 뿐만 아니라 대통령이 제공할 수 있는 정치적 혜택을 받기 어려워질 수도 있다. 따라서 정치적 자본을 충분히 보유하고 있는 대통령이 존재하는 경우 상하원 의원들은 대통령이 원하는 방향으로 움직일 유인이 매우 높다(Edwards 1980; Kernell 1978; Neustadt 1990). 이러한 논의를 고위공직 임명결정 과정에 적용해본다면 고위공직 후보자에 대한 상원의 인준은 대통령이 정치적 자본을 적게 갖고 있을 때보다는 많이 갖고 있을 때보다 쉽게 이루어질 수 있다. 대통령의 정치적 자본의 수준은 주로 대통령의 지지율 또는 잔여임기 기간으로 측정되는데, 분석결과는 전반적으로 이론과 부합하는 방향으로 나타나고 있다(Epstein et al. 2006; Krutz et al. 1998; Massaro 1990; Timothy and Roberts 2004; Segal 1987).

충분한 정치적 자본을 지니고 있는 강력한 대통령은 의원들이 자발적으로 대통령과 협력하려는 유인을 가지고 있기 때문에 후보자 임명을 위하여 그다지 많은 노력을 기울일 필요가 없다고도 할 수 있다. 그러나 대통령은 상원의 자발적인 협력을 기대하기 어렵다고 판단하는 경우 자신이 내정한 후보자가 상원의 인준을 받을 수 있도록 적극적인 노력을 펼치기도 한다. 티모시와 로버츠(Timothy and Roberts 2004)는 인사청문이 진행되는 기간 동안 대통령이 얼마나 자주 후보자에 대한 지지 연설을 수행하였는지를 측정하여 이것이 인준투표 결과에 어떠한 영향을 미치고 있는지 살펴보았다. 연구결과에 따르면 대통령이 후보자에 대한 지지를 적극적으로 표명하는 경우 그렇지 않은 경우보다 후보자가 상원의 인준을 받을 가능성이 올라간다.

한편 대통령이 지니고 있는 권력의 크기는 대통령 소속 정당이 의회에서 다수당을 차지하고 있는지 여부에 따라 크게 달라질 수 있다. 분점정부가 존재하는 경우 의회의 다수당을 점하고 있는 야당에 의하여 대통령의 의제가 좌절될 가능성이 높은 반면 단점정부가 존재하는 경우 대통령의 의제가 비교적 쉽게 의회 내에서 관철될 가능성이 높다(Binder 1999; Edwards et al. 1997; Kelly 1993). 즉 대통령의 의회에 대한 영향력의 강도는 분점정부일 때보다는 단점정부일 때 더 커진다고 할 수 있다. 이렇게 볼 때 상원의 다수당이 대통령 소속 정당일 경우 그렇지 않은 경우보다 고위공직 후보자가 상원의 인준을 받을 가능성이 높아질 것이라고 이론적으로 추정해볼 수 있다. 그리고 여러 연구의 경험적 분석결과는 이러한 이론적 논의가 경험적으로 타당하다는 점을 밝히고 있다(Binder and Maltzman 2002; Cameron et al. 1990; Epstein et al. 2006; Krutz et al. 1998; Segal 1987).

고위공직자 임명을 둘러싼 정치적 환경을 구성하고 있는 또 다른 요소는 유권자 선호이다. 미국의 의원들이 정책투표를 할 때 자신이 대변하고 있는 지역구 유권자의 선호를 반영하기 위하여 노력하고 있다는 점은 익히 알려져 있다(Bartels 1991; Brady et al. 2000; Kingdon 1981; Wright 1989). 이처럼 의원들이 정책투표를 할 때 자신들이 대변하고 있는 지역구 유권자의 선호를 적극적으로 반영하고자 한다면 고위공직 후보자에 대한 인준투표를 할 때에도 마찬가지의 현상이 발생할 가능성이 있다. 즉 상원의원들은 인준투표를 수행할 당시 자신이 대변하는 주(州)의 주민들이 해당 후보자에 대하여 어떠한 의견을 지니고 있는지를 충분히 고려하여 투표할 가능성이 있다.

이 문제와 관련하여 여러 연구들은 유권자의 선호가 상원의 인준투표에 영향을 미치고 있다는 점을 밝히고 있다(Caldeira and Wright 1998; Overby et al. 1992; Segal et al. 1992). 오버비 외(Overby et al. 1992)의 연구를 예로 든다면 흑인으로서 대법관 후보로 지명된 클레어런스 토마스(Clarence Thomas)에 대한 인준투표 당시 흑인이 많이 살고 있는 주를 대변하고 있는 상원의원은 다른 의원들보다 찬성투표를 던질 가능성이 높은 것으로 나타났다.

지금까지의 논의를 요약하면 다음과 같다. 고위공직 후보자 임명에 있어서 상원의 동의 여부를 결정하는 요인에 대한 미국 학계의 연구는 주로 상원의 대법관 후보자에 대한 인준투표를 종속변수로 활용하여 이루어져왔다. 이러한 종속변수에 영향을 미치는 독립변수는 크게 후보자 특성과 정치적 환경 요인으로 구분할 수 있다. 이 때 후보자 특성에 속하는 요인으로는 후보자의 자질과 이데올로기가, 그리고 정치적 환경에 속하는 요인으로는 대통령에 관련된 요인과 유권자 선호가 존재한다. 그렇다면 지금부터 이러한 미국의 이론적 • 경험적 논의를 토대로 삼아 한국의 고위공직 후보자 임명에 대한 국회의 동의 여부 결정요인을 분석해보도록 하자.

4-2 한국 국회의 고위공직자 임명동의 여부 결정요인: 연구가설과 분석모델

(1) 종속변수

고위공직 후보자에 대한 국회의 임명동의 여부를 결정짓는 요인을 살펴보기에 앞서서 이 연구가 분석하고자 하는 종속변수에 대한 설명부터 할 필요가 있다. 전술한 바와 같이 미국의 학계는 주로 상원의원들의 인준투표를 종속변수로 사용하고 있다. 그러나 한국의 경우 국회의 인준투표 결과를 종속변수로 사용하는 것이 사실상 불가능하다. 한국에서도 미국과 마찬가지로 대법원장, 헌법재판소장, 국무총리, 감사원장 및 대법관 등을 대상으로 국회의 인준투표가 이루어지고 있다. 하지만 문제는 국회의 인준투표가 미국 상원과는 달리 무기명으로 이루어진다는 점에 있다(국회법 제112조). 따라서 집합적 차원에서 인준에 대한 찬성/반대의 표가 각각 얼마나 나왔는지 알 수 있을 뿐 의원별로 어떤 선택을 하였는지를 확인할 수 있는 방법은 없다. 이는 결국 한국 국회의 고위공직자 임명에 대한 동의 여부 결정요인을 분석하기 위해서는 인준투표와는 다른 새로운 종속변수를 모색해야 한다는 점을 의미한다.

하나의 대안으로서 내정된 고위공직 후보자가 실제로 임명되었는지 여부를 종속변수로 사용하는 것을 생각해볼 수 있다. 그러나 이러한 종속변수는 한국 인사청문제도의 특성을 고려할 때 국회의 동의 여부를 제대로 측정하지 못한다는 문제점이 존재한다. 제2장에서 언급한 것처럼 대통령은 국회의 인준투표가 실시되는 몇몇 공직을 제외한 나머지 공직에 대하여 주어진 기간 내에 국회에서 인사청문회가 실시되지 못하였거나 또는 인사청문 경과보고서가 채택되지 못하였다 하더라도 그 후보자를 합법적으로 임명할 수 있다. 즉 헌법상 국회 동의를 필요로 하는 공직을 제외한 나머지 공직의 경우 대통령은 국회 차원의 실질적 동의를 얻지 못하였다 하더라도 후보자를 자의적으로 임명할 수 있는 권한을 갖고 있다는 것이다.

이러한 한국 인사청문제도가 지니고 있는 특성은 후보자가 임명되었다는 사실이 곧 임명에 있어서 국회의 동의를 획득한 것이라고 간주하기 어렵게 만들고 있다. 결국 후보자의 공직 임명 여부를 종속변수로 사용하는 것은 공직자 임명에 있어서 국회의 실질적 동의 여부를 결정짓는 요인을 분석하고자 하는 이 연구의 목적에 부합하지 못한다고 판단된다.[9] 따라서 한국 인사청문제도의 특성, 그리고 그것이 운영되는 정치 환경의 특수성을 반영한 새로운 종속변수의 모색이 필요하다.

이러한 한국 인사청문제도의 특성을 고려하여 이 연구는 국무총리의 경우 임명동의안에 대한 표결 결과를(가결=1, 부결=0), 그리고 나머지 행정부 고위공직 후보자의 경우 소관 위원회에서 인사청문 경과보고서가 채택되었는지의 여부(보고서 채택=1, 미채택=0)를 종속변수로 활용하고자 한다. 정상적인 인사청문회 절차에 따르면 국무위원 및 행정 부

---

9 국회의 인준투표가 실시되는 공직만을 분석대상으로 하는 경우 후보자의 임명 여부를 종속변수로 사용할 수 있다. 왜냐하면 국회의 인준투표를 통과한 후보자는 그 자체로 국회의 동의를 받았다고 간주할 수 있기 때문이다. 그러나 이 경우는 사례수가 절대적으로 부족하기 때문에 제대로 된 통계분석을 수행하기 어렵다는 문제가 있다.

처 각 기관의 기관장의 경우 소관 상임위원회의 인사청문 경과보고서 채택을 국회의 임명동의로 볼 수 있다. 그러나 공직후보자의 적격성을 둘러싸고 야당의 심각한 반대가 제기될 경우 인사청문회까지 실시하고도 경과보고서가 채택되지 못하는 경우가 있다.[10] 또한 대통령이 후보자에 대한 임명동의안을 국회에 제출하였으나 인사청문회가 실시되기 이전부터 야당이나 언론으로부터 후보자의 이력이나 도덕성에 대한 문제제기가 있어서 인사청문회 자체가 개최되지 못하거나 대통령이 후보자 지명 자체를 철회하는 경우도 있다.[11]

이 연구는 첫 번째 경우, 즉 상임위원회에서 인사청문 경과보고서가 채택된 경우를 국회의 임명동의를 얻은 것으로, 그리고 나머지는 국회의 임명동의를 얻지 못한 것으로 간주하였다.[12] 왜냐하면 궁극적으로 경과보고서가 채택되지 못한 이유들은 청문회 미실시, 대통령의 지명 철회, 후보자의 사퇴 등 다양하지만 그 배경에는 고위공직 후보자에 대해 여야간 합의에 의한 국회 차원의 동의가 이루어지지 못하였다는 점이 공통적으로 놓여 있기 때문이다. 이와 같은 기준에 따르면 연구대상인 전체 임명동의안 101건 중에서 21건(21%)이 국회의 임명동의를 얻지 못

---

10 국무위원 중에서 이에 해당되는 경우는 유시민(보건복지부 장관), 송민순(외교통상부 장관), 이재정(통일부 장관), 김성이(보건복지부 장관), 이귀남(법무부 장관), 임태희(노동부 장관), 백희영(여성부 장관), 최중경(지식경제부 장관) 등이 있었다.

11 대통령이 지명을 철회한 사례로는 이춘호(여성가족부 장관), 박은경(환경부 장관), 남주홍(통일부 장관) 등이 있다.

12 인사청문 경과보고서에는 공직 후보자 임명동의안이 국회에 접수된 이후 임명동의안에 대한 위원회의 심의 경과, 인사청문회의 실시 일정과 내용 요약, 후보자에 대한 서면 질의와 답변, 후보자 약력 소개 등이 담겨 있다. 또한 공직후보자에 대한 종합평가를 '부적격 사유'와 '적격 사유'로 이분하여 극히 중립적인 입장에서 정리하고 있다. 그러나 '부적격 사유'와 '적격 사유'가 단지 나열만 되어 있을 뿐 후보자가 공직에 적합한지 아니면 부적합한지에 대한 상임위원회 자체의 종합적이고 최종적인 판단은 포함되어 있지 않다.

하였다.

한편 이 연구는 종속변수의 설정을 위해서 분석대상이· 되는 공직을 노무현 정부와 이명박 정부 시기(2003년 2월~2011년 3월)에 국회에 임명동의안이 제출된 국무총리[13], 국무위원, 경찰청장, 국세청장, 검찰총장, 국정원장, 합참의장, 방통위원장 등 행정부 고위직으로 선정하였다. 이들 공직을 선정한 이유는 이 직위들이 해당 각 부처의 정책 집행의 최고 위치에서 대통령의 국정 운영을 보좌하는 핵심적인 직위라는 점에서 대통령 인사권 행사에 대한 국회 견제의 중요한 대상이 되기 때문이다. 이들 직위에 대한 인사청문회 실시 결과 현황은 〈표 4-1〉과 같다.

〈표 4-1〉 국회 인사청문회 실시 결과 현황

시기	임명동의안 가결 (국무총리)	보고서 채택	보고서 미채택	임명동의안 철회	후보자 사퇴	합계
노무현 정부	6	33	3	–	–	42
이명박 정부	3	38	12	4	2	59

〈표 4-1〉에 따르면 전체 연구대상 자료 중 노무현 정부 시기에 실시된 인사청문회가 42건, 그리고 이명박 정부 시기에 실시된 인사청문회가 59건이다.[14] 이 중에서 국회의 후보자 임명동의로 파악한 임명

---

13 분석에 포함된 다른 공직과 달리 국무총리의 경우 인준투표가 실시된다. 따라서 국무총리에 대한 국회의 임명동의 여부는 인준투표 결과로 측정하였다(가결=1, 부결=0). 그런데 2010년 이명박 정부 하에서 실시된 김태호 국무총리 내정자의 경우처럼 국회에 임명동의안이 제출되고 인사청문회까지 실시하였으나 결국은 본회의 표결단계에 이르기 전에 후보자가 사퇴한 경우도 존재한다. 이런 경우도 국회의 임명동의를 얻지 못한 것으로 측정하였다.

14 이 연구의 분석대상을 노무현 정부 시기와 이명박 정부 시기만으로 한정한 이유는 국회에 인사

동의안 가결과 위원회의 보고서 채택은 노무현 정부 시기 39건(92.9%)이 있었고, 이명박 정부 시기에는 41건(69%)이 있었다. 노무현 정부 시기에는 임명동의안의 철회나 후보자 사퇴가 없었다. 그러나 이명박 정부 시기에는 임명동의안 철회가 4건, 그리고 후보자 사퇴가 2건이 있었다.

(2) 연구가설과 분석모델

그렇다면 지금부터 한국 국회의 고위공직자 임명에 대한 동의 여부에 영향을 미치는 요인들을 알아보고, 각각의 요인에 대한 연구가설을 정립하기로 한다. 앞 절에서 논의한 미국의 경우와 마찬가지로 이 문제는 크게 후보자 특성과 정치적 환경이라는 두 가지 요인으로 나누어 생각해 볼 수 있다. 그러나 각각의 요인에 포함되어 있는 세부적 요인은 미국에서 논의되고 있는 것과는 일정 부분 차이를 보이고 있다. 자세한 사항은 논의를 전개해 나가면서 정리하도록 한다.

미국의 경우 후보자 특성을 구성하고 있는 세부 요인으로 후보자의 자질과 이데올로기가 있다. 이 중 후보자의 이데올로기는 한국의 고위공직자 임명에 대한 분석에 포함시키기 어렵다. 왜냐하면 한국에서 고위공

청문제도가 처음으로 도입된 것이 김대중 정부 중후반 시기인 2000년 2월이기 때문이다. 이 당시에 인사청문 대상이 되는 직위는 대법원장, 헌법재판소장, 국무총리, 감사원장, 대법관과 국회에서 선출하는 헌법재판소 재판관, 중앙선거관리위원회 위원으로 제한되어 있었다. 2003년에 와서야 국가정보원장, 국세청장, 검찰총장, 경찰총장이 인사청문대상에 포함되었다. 그리고 국무위원의 경우 2005년 7월부터 국회 인사청문대상에 포함되었다. 이처럼 김대중 정부 시기에 실시된 인사청문회가 그리 많지 않았기 때문에 이 시기에 실시된 인사청문회 결과를 분석에서 제외한다고 하더라도 전체 연구결과에 큰 영향을 미칠 가능성은 매우 낮다고 판단된다.

직 후보자의 이데올로기나 의원의 이데올로기를 측정하고 있는 데이터를 구하기 어렵기 때문이다. 후보자의 이데올로기를 측정하기 위하여 미국에서는 신문 사설에 대한 내용분석을 수행하고 있기 때문에 한국에서도 이와 같은 방식의 적용을 고려해볼 수 있다. 그러나 한국의 주요 일간지는 고위공직 후보자의 정책적 성향이나 이념적 특성보다는 많은 부분 그들의 윤리적 문제나 과거 공직업무에 대한 평가에 초점을 맞추고 있다.[15] 따라서 한국의 경우 일간지에 대한 내용분석을 통하여 후보자의 이데올로기를 측정하기란 사실상 불가능하다. 또한 ADA 점수나 DW-Nominate 점수와 같은 의원들의 이데올로기를 측정하는 공인된 데이터가 존재하는 미국과는 달리 한국 의원의 이데올로기에 대한 신뢰할만한 데이터도 존재하지 않는다. 이론적인 측면에서 후보자의 이데올로기와 개별 의원의 이데올로기가 얼마나 근접하는지 여부는 후보자에 대한 의원들의 임명동의 여부에 많은 영향을 미칠 수 있을 것으로 판단된다. 그러나 현실적으로 이러한 이론을 검증하기 위한 데이터를 확보하기 어렵기 때문에 이에 대해서는 향후 연구과제로 남겨 놓고자 한다.

따라서 이 연구에서는 고위공직 후보자 임명에 대한 국회의 동의 여부에 영향을 미치는 후보자 특성을 후보자의 자질이라는 측면에 국한시켜 살펴보고자 한다. 후보자의 자질은 다시 사적인 차원과 공적인 차원 두 가지로 구분할 수 있다. 사적인 차원에 연계된 후보자 특성은 그들의 도덕성과 직결된다. 후보자의 도덕성 문제와 관련하여 인사청문회에서 지속적으로 제기되고 있는 이슈들은 부동산 투기, 위장 전입, 병역 비리, 세금 관련 비리 등이 있다. 그리고 이와 같은 윤리적 측면에서 많은 문제

---

15 이에 대해서는 이 책 제6장을 참조하시오.

가 있는 후보자는 인사청문회 과정에서 국회의 동의를 얻기 힘들 것으로 판단된다.

후보자에 대한 윤리적 문제를 측정하기 위하여 본 연구는 한국언론진흥재단 홈페이지(http://www.kinds.or.kr)에 접속하여 후보자가 내정된 직후부터 인사청문회가 종료되는 시점(혹은 후보자가 사퇴하거나 대통령이 지명을 철회하는 시점)까지 부동산 투기, 위장 전입, 병역 비리, 세금 관련 비리의 네 가지 영역에서 후보자 관련 의혹이 언론매체를 통하여 보도되었는지 여부를 측정하였다(윤리적 문제 존재=1, 없음=0). 이에 대한 연구가설은 다음과 같다.

연구가설 1: 고위공직 후보자가 윤리적 문제를 지니고 있을 경우 그렇지 않을 경우보다 국회의 임명동의를 얻기 힘들다.

후보자 특성에 관련된 공적인 차원의 이슈는 후보자의 과거 공직과 관련이 있다. 우선 후보자가 행정부 내부에서 발탁된 내부 승진자이거나 의원 출신인 경우 국회의 동의를 얻기 수월할 것이다. 내부 승진자는 관련 공직에서 오랜 기간 업무를 수행하여 왔다는 점에서 그 분야에 대한 높은 전문성과 현장경험을 지니고 있을 것이라고 간주될 수 있다. 그리고 이러한 점이 내부 승진자에 대한 국회의 임명 동의 가능성을 높일 것으로 기대된다. 또한 의원 출신인 경우에도 입법활동을 통하여 정책적 측면에 대한 전문성을 축적할 수 있는 기회를 가졌고, 무엇보다도 의정활동을 함께 수행한 동료들에 의하여 인사청문회가 진행되기 때문에 국회의 동의를 받기 쉬울 수 있다. 이 변수는 후보자가 내부 승진자이거나 또는 의원 출신인 경우 1로, 그렇지 않은 경우는 0으로 측정하였다.

한편 과거에 공직 수행 경험이 있는 후보자들의 경우 이들이 과거 공직업무 재직 시 제대로 업무 수행을 하지 못하였다는 평가나 또는 비리에 연루되었다는 의혹이 제기될 수 있다. 그리고 이처럼 과거 공직 수행과 관련된 의혹이 제기되는 경우 국회의 임명동의를 얻기 어려워질 가능성이 높다. 이 변수는 후보자의 윤리적 문제를 측정하는 방식과 마찬가지로 한국언론진흥재단 홈페이지에 접속하여 언론에 과거 공직업무에 관련된 후보자의 비리가 보도되었는지 여부를 확인하여 측정되었다 (공직 관련 문제 존재=1, 없음=0). 후보자 특성 중 공적인 차원과 국회의 임명동의 여부간의 관계를 규명하고 있는 연구가설들은 다음과 같다.

연구가설 2: 고위공직 후보자가 관련 부처의 내부 승진자인 경우 국회의 임명동의를 받을 가능성이 높다.

연구가설 3: 고위공직 후보자가 의원 출신인 경우 국회의 임명동의를 받을 가능성이 높다.

연구가설 4: 고위공직 후보자가 과거 공직을 수행하는데 있어서 비리 등과 같은 의혹이 제기된 경우 국회의 임명동의를 받을 가능성이 떨어진다.

후보자 특성 요인뿐만 아니라 국회의 고위공직자 임명동의에 영향을 미치는 정치적 환경 요인을 분석하는데 있어서도 미국 정치학계에서 사용하고 있는 변수들을 그대로 차용하기는 어렵다. 우선 유권자 선호 변수를 이 연구에서 사용하기는 어렵다. 왜냐하면 한국 유권자의 선호에 대한 측정지표가 거의 존재하지 않을 뿐만 아니라 이 연구가 개별 의원들의 인준투표를 종속변수로 사용하고 있지 않기 때문이다. 유권자 선호가 의미 있는 변수가 되기 위해서는 유권자의 선호가 자신들을 대변하고 있는 의원들의 행위, 즉 인준투표에 영향을 미친다는 인과관계의 경로를 전제해야 한다. 그러나 이 연구의 종속변수는 개별 의원들의 인준투표가 아니라 국회 차원의 후보자 임명에 대한 동의 여부이다. 이 경우 유권자를 선험적으로 어떻게 설정할 것인지 불분명해질 수밖에 없고, 따라서 유권자 선호 자체를 분석모델에 포함시키기 어렵다. 또한 대통령의 후보자에 대한 지지 연설을 변수로 포함시키는 것도 문제가 있다. 왜냐하면 한국의 경우 대통령이 공직후보자에 대하여 별도로 지지를 호소하는 연설을 하는 경우가 거의 없기 때문이다.

미국에서 논의되고 있는 대통령에 관련된 요인들 중 이 연구에서도 적용시켜 사용할 수 있는 것은 정치적 자본과 분점정부에 관련된 것들이다. 우선 미국과 마찬가지로 정치적 자본을 많이 가진 대통령은 의원들의 자발적 동의를 유도할 가능성이 높다. 따라서 이 경우 대통령은 자신이 지명한 후보자에 대한 국회의 동의를 창출하기가 용이해질 수 있다.

문제는 대통령의 정치적 자본을 어떻게 측정할 것인가 하는 점에 있다. 본 연구에서는 대통령의 정치적 자본을 대통령의 잔여임기를 월 단위로 계산하여 조작화하였다.[16] 대통령 임기 초반은 밀월기간이기 때문

---

16 대통령의 정치적 자본을 측정하기 위한 대안적 방안으로 대통령에 대한 국민들의 지지율을 활용할 수 있다. 그러나 한국의 경우 대통령에 대한 지지율이 전반적으로 대통령의 잔여임기와 높은 역의 상관관계를 지니고 있기 때문에 두 변수를 모두 분석모델에 포함시킬 경우 다중공선성의 문제가 발생할 수 있다. 대통령 잔여임기 변수를 빼고 대통령에 대한 지지율을 포함시켜도 전반적인 분석결과는 별 다른 차이를 보이고 있지 않기 때문에 본 연구에서는 대통령의 잔여임기를 대통령의 정치적 자본 수준을 측정하는 변수로 사용하고자 한다.

에 고위공직자에 대한 국회의 임명 동의를 얻기가 보다 쉬울 것으로 예상된다. 그러나 임기 말로 갈수록 레임덕 현상이 발생할 수 있고, 차기 대선의 승리를 위하여 야당의 대통령에 대한 공세가 강화되는 일이 자주 발생하게 된다. 그러므로 대통령이 임기 말에 있을 때에는 고위공직자에 대한 국회의 임명동의를 얻는데 더 많은 어려움을 겪을 수 있다.

연구가설 5: 대통령의 잔여임기가 많이 남아 있으면 있을수록 고위공직 후보자 임명에 대한 국회의 임명동의 가능성이 높아진다.

대통령의 자원과 관련된 또 다른 정치적 환경변수는 분점정부 존재 여부이다. 분점정부 상황에서는 대통령의 국회에 대한 영향력이 약화되어 고위공직 후보자에 대한 국회의 임명동의 가능성이 떨어질 수 있다. 그러나 한국의 경우에는 꼭 그렇지 않을 수도 있다. 왜냐하면 한국의 경우 분점/단점과 같은 정부형태가 국회의 정책 결정에 큰 영향을 미치지 못한다는 경험적 연구결과가 다수 존재하기 때문이다(오승용 2004, 2008; 정진민 2008). 예를 들어 정진민(2008)은 이처럼 분점/단점과 같은 정부형태가 국회의 정책 결정과정에 별 다른 영향을 미치지 못하는 이유를 일상적으로 일어나고 있는 여야간 정파적 대립에서 찾고 있다. 분점정부이건 단점정부이건 여야가 언제나 첨예한 대립을 하고 있기 때문에 국회의 정책 산출 능력은 정부형태와는 상관없이 언제나 제한적일 수밖에 없다는 것이다. 국회의 정책 결정에 있어서 분점정부가 영향을 미치지 못한다면 고위공직자 임명에 있어서도 마찬가지 현상이 발생할 가능성이 있다. 이에 본 연구에서 분점정부 변수는 노무현 정권 시기와 이명박 정권 당시 분점정부 상황에서 인사청문회가 실시되었으면 1

로, 그리고 단점정부 상황에서 인사청문회가 실시되었으면 0으로 측정되었다.

연구가설 6: 한국의 경우 고위공직자에 대한 국회의 임명동의 여부는 분점정부의 존재 여부에 영향을 받지 않는다.

한국적 상황에서 국회의 고위공직자 임명에 대한 동의 여부에 영향을 미칠 수 있는 또 다른 정치환경적 요인으로는 상임위원장 소속 정당, 여야간 정파적 갈등 수준, 국회의원선거 실시 여부 등이 있을 수 있다. 미국의 경우 상임위원장은 다수당이 독점하기 때문에 분점정부 변수를 사용하는 경우 상임위원장의 소속 정당을 별도로 확인할 필요가 없다. 그러나 한국의 경우 13대 국회부터 원내 교섭단체간 협상을 통해서 상임위원장직을 의석 점유율에 따라 배분하고 있다(유병곤 2006). 따라서 한국에서는 원구성에 대한 정당간 합의가 어떻게 이루어지는가에 따라 각 상임위원회 위원장의 정당 소속이 다르게 나타난다. 상임위원장이 상임위원회의 활동에 많은 영향을 미칠 수 있다는 점을 고려할 때 인사청문회를 수행하고 있는 상임위원장이 여당 소속인 경우 그렇지 않은 경우보다 고위공직자 임명에 대한 국회의 동의가 발생할 가능성이 높아진다고 추정해볼 수 있다. 이에 본 연구는 상임위원장 소속 정당 변수를 인사청문회를 주관하는 상임위원장이 여당 소속인 경우 1로, 그렇지 않은 경우는 0으로 측정하였다.[17]

---

17 국무총리 인사청문특별위원회의 경우에도 위원장이 여당 소속인 경우 1로, 야당 소속인 경우는 0으로 측정하였다.

연구가설 7: 인사청문회를 주관하는 상임위원장이 여당 소속인 경우 야당 소속인 경우보다 공위공직 후보자에 대한 임명동의 가능성이 더 높다.

한편 한국의 국회는 쟁점법안을 둘러싸고 여야 정당간의 정파적 갈등이 매우 심각하게 표출되고 있다. 그리고 이런 입법 교착이 단순히 법안 처리에만 국한되지 않고 국회의 다른 정상적인 활동을 마비시키는 상황도 빈번하게 발생하고 있다(전진영 2011b; 정진민 2008). 따라서 인사청문회가 여야간 정파적 갈등 정도가 심각한 상황에서 실시되는 경우에는 그렇지 않은 경우보다 공직 후보자에 대한 국회의 임명동의 가능성이 낮아질 것이라 예상할 수 있다. 그런데 한 가지 문제는 국회의 정파적 갈등이 심각한지 여부를 구체적으로 어떻게 측정할 것인가 하는 점이다.

일반적으로 국회가 파국적인 입법 교착에 빠지는 경우는 쟁점법안에 대한 여야간 갈등이 정해진 입법절차를 통해서 해소되지 못하고, 결국 국회의장의 직권상정을 통해서 쟁점법안이 처리되는 상황에서 발생한다.[18] 국회의장의 직권상정을 통하여 쟁점법안이 처리되면 입법 교착상태가 타개되는 것이 아니라 오히려 원내 갈등이 더욱 심화되는 모습을 보였다. 직권상정을 통한 법안 처리가 대부분 대통령이나 집권당의 압력에 따라 여당 출신 국회의장[19]에 의하여 이루어졌다는 점에서 야당은 법안 처리 무효화를 주장하면서 장외투쟁에 나섰고, 국회는 몇 개월간 공전되기 일쑤였다. 따라서 이 연구는 여야간 정파적 갈등 수준을 인사청문회가 실시되기 한 달 전부터 국회의장의 직권상정을 통한 법안 처리

---

18 국회의장 직권상정 제도의 운영 현황과 정치적 함의에 대해서는 전진영(2011a)을 참조.
19 제도적으로 국회의장은 의장 당선과 동시에 당적을 이탈하도록 되어 있다. 그러므로 국회의장은 형식적으로는 중립적인 중재자로서의 위상을 갖고 있다.

가 있었는지 여부를 통해서 판단하였다. 즉 직권상정을 통한 법안 처리가 있은 지 한 달 이내에 인사청문회가 개최되었으면 여야간 정파적 갈등 수준이 높은 상황으로 보고 1로 코딩하였고, 그렇지 않은 경우에는 0으로 코딩하였다.

연구가설 8: 여야간 정파적 갈등 수준이 높은 경우 국회의 고위공직 후보자 임명동의 가능성은 낮아진다.

마지막으로 국회의원선거(이하 총선)가 가까워질수록 고위공직자 임명에 대한 국회의 동의 가능성이 떨어질 수 있다. 이러한 현상은 재선을 노리는 야당의원들의 정치적 목적과 많은 부분 연계되어 있다. 왜냐하면 야당의원들의 경우 인사청문 과정에서 대통령에 대한 흠집 내기를 시도하고, 이를 통하여 집권 여당의 문제점을 부각시켜 재선에 유리한 위치를 차지하고자 하는 동기를 가질 수 있기 때문이다. 이러한 동기가 현실화되는 경우 고위공직 후보자 임명에 대하여 여당과 합의를 도출하기 어려워질 수 있다. 그리고 이것은 고위공직 후보자에 대한 국회 차원의 임명동의 가능성을 떨어뜨리게 된다. 본 연구에서 이 변수는 인사청문회가 실시되는 시점부터 다음 총선까지의 잔여기간을 월단위로 계산하여 측정되었다.

연구가설 9: 총선 실시 시기가 가까울수록 고위공직 후보자 임명에 대한 국회의 동의 가능성은 떨어지게 된다.

한편 이 연구는 고위공직 후보자에 대한 국회의 임명동의 과정이 정권별로 차이를 보일 가능성을 고려하여 정권 변수를 통제변수로 사용하고자 한다. 실제로 노무현 정권과 비교하여 이명박 정권에서 고위공직 후보자가 낙마하는 현상이 자주 목격된 바 있다. 이러한 현상이 발생하는 원인은 여러 가지가 있을 수 있다. 예를 들어 노무현 정권과 비교하여 이명박 정권에서 문제점이 많은 인물을 고위공직 후보자로 더 자주 내정하였기 때문에 나타난 현상일 수 있다. 또는 과거와 비교하여 여야간 정파적 갈등 수준이 더 높아졌기 때문에 나타난 현상일 수도 있다. 혹은 확인하기 힘든 또 다른 요인에 의하여 이와 같은 현상이 일어나고 있을 수도 있다. 이 연구에서는 이와 같은 정권별 차이를 통제하기 위하여 이명박 정권에서 실시된 인사청문회는 1로, 그리고 그렇지 않은 경우는 0으로 코딩하여 분석모델에 포함시켰다.

지금까지 고위공직 후보자 임명에 대한 국회의 동의 여부에 영향을 미치는 요인을 후보자 특성과 정치적 환경이라는 두 가지 측면에서 살펴보았다. 그리고 총 아홉 개의 연구가설들을 제시하였다. 본 연구는 이를 검증하기 위하여 이변량 로지스틱 회귀분석을 수행하고자 한다. 이 연구에서 활용하고 있는 분석모델을 수식으로 표현하면 다음과 같다.

$$Y_i = \alpha + \beta_1 \text{*후보자 도덕성} + \beta_2 \text{*내부 승진} + \beta_3 \text{*의원 출신} + \beta_4 \text{*과거 공직 문제} + \beta_5 \text{*대통령 잔여임기} + \beta_6 \text{*분점정부} + \beta_7 \text{*상임위원장 소속 정당} + \beta_8 \text{*여야의 정파적 갈등 수준} + \beta_9 \text{*총선 잔여기간} + \beta_{10} \text{*정권} + \varepsilon$$

4-3 분석 결과

고위공직 후보자 임명에 대한 국회 차원의 동의 여부를 결정짓는 요인에 대한 경험적 분석결과는 다음의 〈표 4-2〉에 제시되어 있다. 이 분석모델은 국회의 고위공직 후보자에 대한 임명동의 여부를 설명하는데 있어서 83%의 적중률을 보이고 있다. 그리고 카이자승 값이나 -2로그 우도의 값에서 확인할 수 있는 것처럼 분석모델의 적합성 측면에서 별다른 문제는 없는 것으로 나타났다.

먼저 후보자 특성과 관련된 요인부터 살펴보도록 하자. 후보자의 사적 차원에서 제기되고 있는 윤리적 문제는 국회의 임명동의 여부에 영향을 미치는 것으로 나타났다. 다른 독립변수들의 영향을 통제한 상태에서 후보자가 부동산 투기, 위장 전입, 병역 비리, 세금 관련 비리 등의 윤리적 문제에 있어서 하나 혹은 그 이상의 문제에 연루되어 있다는 의혹이 제기된 경우 그러한 의혹이 제기되지 않은 후보자들보다 국회의 임명동의를 받을 가능성이 떨어지는 것으로 나타났다. 그리고 이것은 유의확률 90% 수준에서 통계적으로 유의미하였다. 이러한 연구결과는 후보자의 윤리적 문제가 단순히 인사청문회의 쟁점으로 제기되는 차원에 그치는 것이 아니라 실제로 후보자에 대한 국회의 임명동의 가능성을 떨어뜨리고 있다는 점을 보여준다.

또한 〈표 4-2〉에 따르면 후보자가 행정부 관련 부처 내부에서 발탁된 내부 승진자인 경우 그렇지 않은 경우보다 국회의 임명동의를 받을 가능성이 높아진다. 이 독립변수 역시 유의확률 90% 수준에서 통계적으로

<표 4-2> 고위공직 후보자 임명에 대한 국회의 동의 여부 결정요인 분석

독립변수		회귀계수 (표준오차)	Exp(β)
후보자 특성	후보자 도덕성	-1.029(0.535)*	0.357
	내부 승진	1.263(0.672)*	3.538
	의원 출신	0.848(0.788)	2.335
	과거 공직 관련 문제	-0.281(0.650)	0.755
정치적 환경	대통령 잔여임기	0.015(0.260)	1.015
	분점 정부	-0.309(12.65)	0.734
	상임위원장 소속 정당	1.142(0.606)*	3.134
	여야의 정파적 갈등 수준	-1.705(0.849)**	0.182
	총선 잔여기간	-0.018(0.262)	0.982
	정권	-2.109(3.235)	.121
상수		2.473(1.587)	11.857
카이자 승		21.728(p=0.017)	
-2로그우도		78.353	
Nagelkerke R²		0.309	
사례수		100	
적중률		83%	

* $p<0.10$, ** $p<0.05$

유의미한 영향을 미치고 있는 것으로 나타났다. 이와 같은 연구결과는 대통령에 대한 충성심과 같은 정치적 목적에 의하여 내정된 후보들보다 정책 전문성에 입각하여 내정된 후보들이 국회의 동의를 보다 수월하게 획득할 수 있다는 점을 의미한다.

다음 장에서 더 자세히 논의하겠지만 대통령이 자신에 대한 충성도에 입각하여 후보자를 내정하는 이유 중 하나는 후보자가 고위공직에 임명된 후 대통령이 추구하는 정책을 성공적으로 달성하기 위하여 관료를 적절히 통제하도록 만들기 위함이다. 야당의 입장에서 보면 대통령의 정책적 성공은 차기 선거에서 자신에게 악재로 작용할 수 있다. 따라서 야당은 대통령에 대한 충성도가 높은 후보자에 대한 임명을 막아 대통령이 정책적 측면에서 성공할 수 있는 가능성을 최대한 줄이려는 유인을 가질 수 있다. 이렇게 볼 때 정치적 목적에 의하여 임명된 인물보다는 전문성에 입각하여 관료 조직 내부에서 발탁된 인물에 대한 국회의 임명동의가 더 쉽게 일어날 수 있다는 점은 충분히 이해할만하다.

반면 후보자가 의원 출신인지 여부는 국회의 임명 여부에 영향을 미치지 않는 것으로 나타났다. 비록 회귀계수의 부호는 양으로 나타나서 연구가설이 제시하고 있는 내용과 일치하는 결과를 보이기는 하였으나, 이 독립변수는 90% 신뢰 수준에서 통계적 유의미성을 확보하지 못하였다.

후보자 특성의 마지막 변수인 과거 공직 관련 문제도 통계적으로 무의미한 영향을 미치고 있는 것으로 나타났다. 이 결과는 후보자가 과거 공직업무를 수행하면서 어떠한 능력을 보였는지, 그리고 어떠한 비리에 연루되었는지와 같은 이슈들이 국회의 임명동의 여부를 결정하는데 있어서 그다지 심각한 영향을 미치지 못하고 있다는 점을 의미한다.

다음으로 인사청문회 실시 당시의 정치적 환경변수의 영향력에 대하여 검토해보기로 하자. 정치적 환경과 관련된 독립변수들 중 상임위원장 소속 정당과 여야의 정파적 갈등 수준은 공직 후보자에 대한 임명동의 여부에 통계적으로 유의미한 영향을 미치는 것으로 나타났다. 공직 후보자에 대한 인사청문회를 주관하는 상임위원회의 위원장이 여당 소속인 경우에 야당 소속인 경우보다 후보자에 대한 임명동의 가능성이 높아지는 것으로 나타났다. 그리고 이것은 90% 신뢰 수준에서 통계적으로 유의미하였다. 이는 여방야공(與防野攻)이라는 인사청문회의 일반적인 진행패턴 속에서 인사청문회를 수행하는 상임위원장이 여당 소속인 경우 후보자에 대한 보호와 방어가 비교적 원활하게 이루어지고, 이것이 결국 국회의 임명동의 가능성을 높인다는 점을 의미할 수 있다.

여야간 정파적 원내 갈등 수준은 95% 신뢰 수준에서 후보자 임명에 대한 국회의 동의 여부에 통계적으로 유의미한 영향을 미치고 있는 것으로 나타났다. 이 분석결과가 제시하는 정치적 함의는 매우 중요하다. 우선 이 독립변수의 신뢰 수준이 가장 높게 나타났다는 점에서 다른 어떤 요인보다도 원내 정당들간의 정파적 갈등이 공직 후보자에 대한 국회의 임명동의에 미치는 영향력이 중요하다는 점을 알 수 있다. 이것은 동시에 국회의 인사청문회 결과가 대통령의 인사권에 대한 국회의 견제라는 차원에서 이루어지기보다는 여당 대 야당의 대립구도에 입각하여 이루어지고 있다는 점을 보여준다. 이러한 결과는 원내 정당들의 정파적 대립이 단순히 입법활동뿐만 아니라 인사청문회와 같은 국회의 다른 기능들까지도 지배하고 있음을 의미한다.

한편 분점정부 변수는 통계적으로 유의미한 영향을 미치지 못하는 것으로 나타났다. 여야간 정파적 갈등이 분점/단점이라는 정부형태와는 상관없이 일상적으로 일어나고 있는 상황에서 정부형태의 차이는 정책결정과정뿐만 아니라 고위공직 후보자 임명 결정에 있어서도 의미 있는 영향을 미치고 있지 못한 것으로 판명된 것이다. 또한 대통령 잔여임기도 공직 후보자 임명에 대한 국회의 동의 여부에 의미 있는 영향을 미치지 못하였다. 이것은 대통령이 밀월기간에 놓여 있는지, 그리고 레임덕 현상에 처해 있는지에 상관없이 국회의 인사청문 결과가 나타난다는 점을 의미한다. 이밖에 총선 잔여기간 변수도 국회의 임명동의 여부에 별다른 영향을 미치지 못하는 것으로 나타났다.

마지막으로 통제변수로 분석모델에 포함된 정권 변수도 국회의 공직 후보자 임명동의 여부에 유의미한 영향을 미치지 못하는 것으로 나타났다. 분석에 포함된 국회의 임명동의 여부를 노무현 정부와 이명박 정부로 나누어 살펴보면 노무현 정부 당시 국회의 임명동의를 획득하지 못한 사례는 약 7%에 불과하였다. 그러나 이명박 정부에 들어서는 그 수치가 무려 30.5%에 달하고 있다. 이러한 현실에도 불구하고 정권 변수가 통계적으로 무의미하게 나타난 것은 분석모델에 포함된 다른 독립변수들의 영향력이 이러한 정권간의 차이를 상당 부분 설명하고 있기 때문인 것으로 판단된다. 예를 든다면 국회 임명동의 여부의 측면에 있어서 노무현 정부와 이명박 정부간의 차이는 각 정권에서 내정된 후보들의 도덕성 수준의 차이 때문에 발생한 것이라고 생각해볼 수 있다. 즉 이명박 정부는 노무현 정부와 비교하여 윤리적으로 문제가 있는 후보자를 더 많이 지명하였기 때문에 국회의 임명동의 가능성이 떨어진 것이라 할 수 있다. 그리고 이와 같은 정권간의 차이는 분석모델에 포함되어 있는 '후보자 도덕성' 변수를 통하여 설명되고 있기 때문에 정권 변수 자체는 통계적으로 무의미하게 나타나게 된다는 것이다.

4-4 소결

　이상에서 국회의 행정부 고위공직 후보자 임명동의 여부에 영향을 미치는 요인을 살펴보았다. 분석결과에 따르면 후보자의 개인적 특성으로는 도덕성과 행정 부처 내부 승진자 여부가, 그리고 정치적 환경요인으로는 상임위원장의 소속 정당과 여야간 정파적 갈등 수준이 후보자 임명동의에 영향을 미치는 것으로 나타났다. 일반적으로 공직 후보자가 의원 출신이면 국회의 인사청문회가 후보자에게 보다 우호적으로 진행되고, 국회의 임명동의도 수월할 것으로 여겨진다. 하지만 분석결과는 그렇지 않은 것으로 나타났다. 또한 분점정부 여부도 국회의 후보자에 대한 임명동의에 영향을 미치지 않는 것으로 나타났다.

　권력 분립을 원칙으로 하는 대통령제 국가에서 '견제와 균형'의 원리를 구현하기 위한 제도적 장치들이 제대로 작동하는 것은 성공적인 행정부-국회 관계를 위해서도 필수적이다. 그렇지만 우리는 이미 앞 장에서 인사청문회 진행 과정이 견제와 균형보다는 정파적 이해관계에 입각하여 이루어지고 있음을 확인한 바 있다. 그렇다면 인사청문회의 최종적 결과를 결정짓는 요인을 살펴본 이 장의 분석결과는 "국회 인사청문회 제도가 견제와 균형의 원리를 제대로 구현하고 있는가"라는 질문에 대하여 어떤 답을 내릴 수 있을까?

　분석결과의 일부분은 적어도 부분적으로나마 견제와 균형의 논리가 국회 인사청문회의 최종적 결과에 반영되어 있을 가능성을 시사하고 있다. 왜냐하면 도덕적으로 문제가 있는 후보자에 대하여 국회가 임명동의를 거부하고 있다는 점은 대통령의 인사권에 대한 국회의 견제장치가 작동하고 있다는 하나의 증거로 간주될 수도 있기 때문이다. 그러나 이러한 결과가 국회의 대통령의 인사권에 대한 건전한 견제의 산물이라는 점에 대해서는 이론의 여지가 있을 수 있다. 왜냐하면 인사청문회 진행 과정에서 후보자의 윤리적 문제가 여야간 정파적 공격과 방어의 주된 이슈로 활용되고 있다는 점을 고려할 때 윤리적 문제가 많은 후보자가 국회의 임명동의를 받지 못한다는 것은 결국 국회 전체가 아니라 야당의 동의를 얻지 못하였다는 것을 의미하기 때문이다. 즉 이와 같은 분석결과는 견제와 균형의 논리뿐만 아니라 정파적 이해관계의 논리에 의해서도 설명될 여지가 있고, 따라서 이 결과를 통하여 인사청문회가 견제와 균형의 논리에 입각하여 이루어지고 있다고 주장하기에는 다소 무리가 따른다고 판단된다.

한편 인사청문회를 주관하는 상임위원회 위원장의 소속 정당이 야당일수록, 그리고 여야간 정파적 갈등 수준이 높은 상황일수록 국회의 임명동의가 어렵다는 결과는 국회의 고위공직 후보자에 대한 임명동의 여부가 정파적인 차원에서 결정되고 있다는 것을 의미한다. 특히 여야간 정파적 갈등 수준 변수의 통계적 유의미성은 다른 독립변수들과 비교하여 매우 높게 형성되어 있는데, 이는 그 만큼 이 독립변수가 종속변수에 대하여 지니고 있는 영향력이 크다는 점을 의미한다.

결과적으로 견제와 균형의 논리보다는 정파적 이해관계가 국회의 고위공직 후보자에 대한 임명동의를 결정짓는 가장 중요한 요인이 된다고 할 수 있다. 그리고 이러한 결과를 앞의 제3장의 결과와 함께 엮어본다면 여야간 정파적 이해관계는 인사청문회의 진행과 결과 모두에 있어서 핵심적 역할을 하고 있다는 결론에 도달할 수 있다. 견제와 균형이라는 인사청문회 제도의 도입취지는 결국 허상에 불과하며, 실제로 시작에서 끝까지 인사청문회 과정을 지배하는 요인은 여야의 정파적 이해관계인 것이다. 그렇다면 도대체 어떤 이유 때문에 이러한 정파적 인사청문회가 나타나고 있는가? 이 문제에 대해서는 다음 장에서 살펴보도록 하자.

제5장. 정파적 인사청문회의 원인[1]

한국정치에 있어서 많은 것들이 그러하겠지만 고위공직 후보자에 대한 국회의 인사청문회만큼 이상과 현실이 철저히 괴리되어 나타나는 곳도 드물다. 이상적으로 볼 때 인사청문회는 대통령에 의해 내정된 고위공직 후보자가 특정 정부 부처를 이끌 수 있을만한 자질과 능력을 겸비하고 있는지 의원들에 의하여 논의되고 검증됨으로써 후보자의 적격성 여부가 가려지는 곳이라고 할 수 있다. 즉 이상 속의 인사청문회는 견제와 균형이라는 원칙에 입각하여 대통령의 자의적 인사권을 입법부가 견제하고, 이를 통하여 보다 뛰어난 인물이 공직에 진출할 수 있는 길을 여는 제도적 장치이다. 그러나 앞의 장에서 이미 확인한 것처럼 현실 속의 인사청문회는 이러한 이상적 모습과는 상당히 다른 형태를

---

1 이 장은 최준영. 2008. "인사청문회의 정파적 성격에 대한 원인 분석" 『한국정치연구』 제17집 2호의 일부분을 발췌하여 수정·보완하였다.

띠고 진행된다. 다시 말해 한국의 인사청문회는 여야간 이해관계에 함 몰된 채 치열한 정파적 갈등과 투쟁이 난무하는 공간으로 현실 속에 뿌 리내리고 있다.

그렇다면 도대체 어떤 이유 때문에 이와 같은 정파적 인사청문회가 나타나고 있는 것인가? 우리는 이 질문에 대한 답변을 제시하기 위하여 미시적 분석을 시도하고자 한다. 즉 인사청문과정에 참여하고 있는 개별 행위자들이 이 과정을 통하여 얻고자 하는 목적이 구체적으로 무엇인지 규명함으로써 정파적 인사청문회의 원인을 밝혀보고자 한다.

이러한 접근방식 하에서 정파적 인사청문회라는 정치적 현상은 이 과 정에 참여하고 있는 개별 행위자들이 자신의 목적을 달성하기 위하여 합리적으로 선택한 개별적이고 독립적인 행위의 집합적 결과로 간주된 다. 죄수의 딜레마라는 게임이론적 논의에서 잘 나타나 있듯이 개인의 합리적 선택이 최적의 집합적 결과로 이어지지 않는 경우가 자주 발생 한다(Morrow 1994). 인사청문회도 마찬가지이다. 인사청문과정에 참여 하고 있는 개별 행위자들의 행위는 극히 합리적이다. 그러나 이들의 합 리적 선택이 하나의 집합적 결과로 모아질 때 정파적 인사청문회라는 누구도 원치 않는 결과가 발생하고 있다.

이 연구는 인사청문회에 참여하는 주요 행위자로 대통령, 야당, 그리 고 여당에 주목한다.[2] 인사청문회에 참여하는 행위자들은 이 이외에도

---

2 실질적으로 인사청문회에 참여하는 존재는 각 정당 소속 의원들이다. 그러나 한국처럼 정당의 기율이 강한 상황에서 이들은 개별 의원으로서가 아니라 정당이라는 팀의 구성원으로 인사청 문회에 참여하게 된다고 보는 것이 더 타당할 수 있다. 한국에서 개별 의원에 대한 정당의 영 향력이 얼마나 강한지는 의원들의 표결(이현우 2005; 전진영 2006a), 상임위원회 활동(가상준 2007), 당원들의 인식(강원택 2008) 등 여러 측면에서 확인할 수 있다.

개별 의원, 관료, 이익집단, 국민 등이 존재할 수 있다. 그러나 대통령, 야당, 그리고 여당을 제외한 나머지 행위자들은 고위공직자 임명과정에서 중심이 아닌 주변부에 머무르고 있다. 즉 이러한 행위자들은 인사청문회의 진행과 결과에 어느 정도 영향을 미칠 수는 있으나 그 영향은 직접적인 것이 아니라 간접적인 것에 불과하다. 그러므로 인사청문과정에 있어서 이들의 중요성은 상대적으로 떨어질 수밖에 없다. 이러한 점을 고려하여 이 장은 대통령, 야당, 여당에 국한하여 이들이 인사청문과정에서 어떠한 목적을 지니고 있고, 그 목적을 달성하기 위하여 어떠한 행위를 선택하고 있는지를 살펴보도록 하겠다.

5-1 대통령

우리는 대통령의 가장 중요한 목적은 주어진 임기 동안 자신이 지니고 있는 정치적・정책적 비전을 구현하는 데 놓여 있다는 점을 전제로 논의를 시작하고자 한다. 물론 정치인들의 궁극적인 목적을 재선에서 찾고 있는 연구들이 많이 존재하며(Mayhew 1974; Fiorina 1989), 이는 매우 설득력 있는 주장이라고 사료된다. 그러나 한국의 경우 헌법에 규정되어 있는 것처럼 한 번 이상 대통령직을 수행하는 것이 불가능하다. 그러므로 한국의 대통령에게 있어서 재선은 중요한 목적이 될 수 없다. 이와 같은 한국적 특수성을 고려할 때, 자신의 임기 내에 자신이 품고 있는 정치적・정책적 비전을 구현하는 것이 대통령의 가장 중요한 목표가 된다는 우리의 전제는 반박의 여지가 그리 크지 않다고 판단된다.

그렇다면 이러한 대통령의 궁극적인 목적을 전제로 하였을 때 대통령은 인사청문과정에서 어떠한 선택을 하는 것이 가장 합리적이겠는가? 다시 말해 어떤 종류의 인물을 고위공직자로 임명하는 것이 자신의 정치적・정책적 비전의 구현이라는 목적을 가장 효과적이고 효율적으로 달성할 수 있겠는가?

일반적으로 어떤 인물을 고위공직자로 임명할 것인지 고민하고 있는 대통령은 다음과 같은 두 가지 기준을 고려하지 않을 수 없다. 하나는 그 인물이 전문성, 현장 경험, 리더십, 도덕성 등과 같은 객관적 자질과 능력을 얼마나 지니고 있는가 하는 점이다. 또 다른 하나는 그 인물이 대통령의 정치적・정책적 비전을 얼마나 잘 이해하고 있으며, 그 비전의 구현을 위하여 얼마나 열심히 노력할 의지가 있는가 하는 점이다. 다시 말해 그 인물의 대통령에 대한 충성도가 얼마나 되는가 하는 점이다.[3]

자신의 정치적•정책적 비전의 구현을 중요한 목적으로 하는 대통령에게 있어서 능력과 충성심을 겸비한 인물이 최선의 선택이 된다는 점은 의심의 여지가 없는 사실이다(안병영 2001). 그러나 문제는 현실 속에서 이 두 가지 기준을 동시에 충족시키는 인물을 찾는 작업이 그리 녹녹치 않다는 점에 있다. 이러한 현실은 능력과 충성심 두 가지 기준 중어느 하나에 더 많은 가중치를 두어 인물을 선택할 수밖에 없는 상황으로 대통령을 몰고 간다.

그럼 대통령은 능력과 충성심 중 어떤 것을 더 중요하게 생각할까? 많은 연구결과들에 따르면 대부분의 대통령은 능력보다는 자신에 대한 충성심을 더 중시하여 공직자를 임명하려는 경향을 보인다고 한다(Moe 1985a, 1985b; Rudalevige 2002; Rudalevige and Lewis 2005).[4] 이처럼 대통령에게 있어서 능력보다는 충성심이 중요한 공직자의 선정기준이 되는 이유는 다음과 같다.

첫째, 대통령은 개인적인 능력과 자질은 뛰어나지만 대통령의 정치

---

3 비슷한 맥락에서 모(Moe 1985b)는 전자를 중립적 능력(neutral competence)으로, 그리고 후자를 대통령의 기대에 부응하는 능력(responsive competence)으로 부르고 있다.

4 그러나 대통령이 모든 고위공직자를 오직 자신에 대한 충성심에 입각하여 충원한다고 주장하는 것은 오류가 있을 수 있다. 왜냐하면 대통령은 자신의 여러 가지 정치적•정책적 비전 중에 그리 비중이 크지 않은 분야, 그리고 자신의 비전과 직접적인 연관성이 없는 분야에는 충성심보다는 단순히 능력 위주로 고위공직자를 내정할 수도 있기 때문이다. 그렇지만 대통령은 자신의 핵심적 정책과제를 담당할 고위공직자를 선정하는데 있어서는 충성심을 매우 중요한 기준으로 고려할 수밖에 없다. 결국 대통령이 고위공직자를 선정하는 기준(능력 대 충성심)은 그 공직이 자신의 정치적•정책적 비전과 얼마나 직접적인 연관성이 있는가에 따라 변할 수 있다. 여기서는 대통령이 자신의 정치적•정책적 비전 중에 핵심적인 분야를 담당할 고위공직자를 선정하는 경우를 가지고 논의를 전개하고자 한다.

적·정책적 비전을 공유하지 않거나 실현시킬 의도를 지니고 있지 않은 인물은 충성심은 있지만 능력이 떨어지는 인물에 비해 더 기피할 가능성이 높다. 충성심은 있지만 능력이 떨어지는 인물이 고위공직자로 임명되었을 경우 최악의 상황이라고 할지라도 단순히 정책의 성공적 집행이 실패로 돌아가는 수준에서 멈추게 된다. 하지만 능력은 있지만 충성심이 없는 인물들이 임명된 경우에는 대통령의 선호와 정반대되는 방향으로 정책이 추진될 위험성이 존재하고, 대통령은 이러한 위험성을 될 수 있으면 줄이려고 할 유인이 존재한다.[5]

둘째, 대통령과 같은 정치인들에게 있어서 능력과 충성심은 서로 다른 차원에 놓여 있는 개념이 아니라 서로 일맥상통하는 개념이라고 인식될 수 있다(Lewis 2008). 예를 들어 객관적인 관점에서 보았을 때 매우 뛰어난 능력을 지녔지만 대통령이 추구하는 비전과 동떨어지거나 상반된 비전을 추구하고자 하는 인물이 있다고 가정해보자. 자신의 정치적·정책적 비전을 성공적으로 추진할 인물을 찾는데 혈안이 되어 있는 대통령에게 이러한 인물은 단순히 충성심이 없다는 차원을 넘어서 정책수행 능력이 극히 부족한 것으로 비쳐질 가능성이 있다. 반면에 객관적인 능력은 떨어지나 대통령의 비전을 적극적으로 추진하려고 하는 인물은 대통령의 입장에서 보면 무척 능력 있는 인물로 간주될 가능성이 있다. 즉 대통령은 자신에 대한 충성심이 떨어지는 인물의 능력에 대해서

---

5 닉슨과 카터 대통령의 경우 집권 초기에 각 부처에서 활동하는 관료들에 대한 임명을 직접 관장하지 않고 부처를 담당한 장관들에게 넘겨주면서 충성심보다는 능력에 입각하여 관료들을 임명을 하라고 지시하였다. 그러나 닉슨과 카터 대통령은 곧 자신들이 추구하는 정책이 번번이 관료들의 조직적인 반발에 부딪치는 상황에 직면하게 되었고, 결국 모든 인사권을 자신들의 수중에 집중시켜 충성심에 입각한 임명을 추진할 수밖에 없었다(Lewis 2008; Mackenzie 1996, 2001; Pfiffner 2001; Weko 1995).

는 평가절하를 하고, 충성심이 높은 인물의 능력에 대해서는 과대평가를 하는 경향을 보일 수 있다. 어떻게 보면 따먹기 힘든 포도를 바라보며 '저건 맛이 실꺼야'라고 생각하는 이솝 우화에 나오는 여우의 심리 상태와 비슷한 측면이 있다. 대통령이 이와 같은 심리적 상태 하에서 인사 결정을 내린 경우 객관적으로 보았을 때 능력보다는 충성심이 우선시 되는 인사가 이루어진 것이다. 그러나 대통령의 입장에서는 능력과 충성심이 모두 고려된 인사가 이루어진 것이라고 생각할 수 있다.[6]

셋째, 대통령은 고위공직에 대한 임명 결정을 내릴 때 선거에서 자신을 지지하였던 세력에 대한 안배를 고려하지 않을 수 없다(Lewis 2008; Weko 1995). 물론 이러한 인사 결정은 선거에서 자신을 지지하였던 대가로 관직을 제공하는 엽관제(獵官制)의 성격을 지니고 있기 때문에 비판을 받을 여지가 많다고 할 수 있다. 그러나 대통령은 이러한 지지자들을 고위공직에 임명하는 것을 통하여 이들과 긴밀히 연계되어 있는 사회 내 집단들의 지지를 얻어낼 수 있다. 그리고 이들의 지지를 하나로 엮어 광범위한 정책연합을 만들어낼 수만 있다면 대통령은 자신의 정치적·정책적 비전을 실현시키는 데 있어서 막강한 지원군을 시민사회 내에 구축할 수 있게 된다. 이처럼 대통령은 선거 당시에 자신을 지지하였던, 따라서 이미 충성심이 검증된, 인물을 고위공직에 앉힘으로써 자신의 목적을 달성하는데 절대적으로 필요한 정책연합을 만들 가능성을 높일 수 있다. 그것이 아니라면 적어도 선거에서 자신을 지지하였던 세력

6 미국의 레이건 전 대통령의 인사 문제를 보좌하였던 노프지거(Lyn Nofziger)는 "적어도 제가 보기에는 레이건을 적극적으로 지지하기만 한다면 그 사람은 누구나 능력 있는 사람입니다"라고 말한 바 있다(Lewis 2008). 이것은 대통령에 대한 충성심이 그 인물의 능력에 대한 평가로까지 확대되고 있는 하나의 사례가 될 수 있다.

이 자신의 정치적 • 정책적 비전에 반대하는 세력으로 돌아서는 것을 차단할 수 있다.

넷째, 대통령은 관료에 대한 정치적 통제를 해야 할 필요가 있다. 이러한 점은 대통령이 능력이나 자질보다는 충성심에 입각하여 인사 결정을 하는 가장 중요한 이유가 된다. 이미 오래 전에 모셔(Mosher 1968)는 "행정부에 의한 정책적 결정이나 행위의 대부분은 관료에 의해 전적으로 결정되거나 혹은 매우 막대한 영향을 받는다"고 지적한 바 있다. 이 말은 곧 관료를 통제하는 자가 결국 정책의 결정과 집행을 통제하게 된다는 것을 의미한다. 따라서 임기 내에 자신의 정치적 • 정책적 비전을 실현하고자 하는 대통령은 반드시 관료에 대한 통제를 획득하여 관료가 자신이 원하는 방향으로 움직여나갈 수 있도록 만들어야 한다. 그러나 문제는 관료를 통제한다는 것이 그리 쉽지 않다는 점에 있다.

선거를 통하여 집권한 정치인과 관료조직간의 관계, 그리고 관료에 대한 정치적 통제의 필요성은 경제학에서 개발되었던 주인-대리인 모델(principal-agent model)을 통해서 설명되어질 수 있다(양재진 2003; Moe 1984; Ross 1973; Wood and Waterman 1991). 이 모델에 따르면 주인은 자신이 원하는 것을 효과적으로 수행할 것이라는 기대를 가지고 대리인을 고용한다. 그러나 대리인은 주인에 대한 의무를 지키지 않고 자신의 이익만을 추구하고자 하는 유인을 가질 가능성이 높다. 왜냐하면 주인은 대리인이 하는 일에 대한 전문적 지식도 없고, 게다가 대리인이 무슨 일을 하고 있는지 일일이 감독할 수도 없는 상황이기 때문이다. 결국 주인-대리인의 관계는 정보의 비대칭성(informational asymmetry)을 주된 특성으로 하고 있으며, 이 때문에 대리인들은 책임 회피(shirking)의 유인을 가질 수 있다.

이러한 주인-대리인 모델을 대통령과 관료의 관계 속에 대입하여 본다면 대리인인 관료들은 주인인 대통령의 뜻을 어기고 자신들의 이해관계를 추구할 가능성이 매우 높다. 일단 특정 정책적 사안에 대하여 관료들은 대통령보다 우월한 전문성과 정보를 지니고 있다.[7] 또한 관료들은 그들의 고유한 이해관계를 가지고 있다(Niskanen 1971; Noll and Fiorina 1979). 그리고 이로 인하여 대통령의 관점이 아니라 자신들의 관점에서 정책적 고려를 할 가능성이 존재한다. 이러한 상황은 관료들이 자신에게 유리한 방향으로 대통령의 결정을 유도하거나 혹은 대통령의 정책적 선호를 아예 무시하는 방향[8]으로 나아가게 만들 수 있다. 대통령이 전문성과 정보가 부족하여 결국 관료의 편향적 주장을 타당한 것으로 받아들일 수밖에 없게 된다면, 또는 관료의 복지부동적 자세나 저항에 의해 난관에 봉착하게 된다면, 이는 결국 대리인의 이해관계가 주인의 이익을 해치는 상황이 된다고 할 수 있다.[9]

7　이러한 점은 한국의 경우 특히 심하다고 할 수 있다. 한국은 지역주의적 특성 때문에 정당이나 정치인들이 정책적 개발 능력을 키울 수 있는 정치적 환경이 마련되지 못하였다. 더욱이 한국의 관료들은 권위주의적 정권 시절부터 전문적이고 특화된 정책 개발과 집행 능력을 발전시켜 왔다(강원택 2001). 이러한 상황은 한국의 경우 정치인과 관료 사이의 정보 비대칭성이 훨씬 악화되어 형성될 수 있다는 것을 의미한다.

8　대통령의 정책적 선호가 관료에 의해 무시되는 것은 두 가지 차원이 있을 수 있다. 하나는 관료의 복지부동적 자세이다. 대통령의 정책적 선호가 자신들의 선호와 일치하지 않을 때 이들은 일종의 태업을 함으로써 대통령의 정책적 선호가 좌절되게 만들 수 있다. 또 다른 하나는 자주 일어나는 것은 아니지만 대통령에 대한 적극적 저항이 있을 수 있다. 이 경우 관료들은 자신들의 네트워크와 긴밀히 연계되어 있는 외부세력(예를 들어 야당이나 이익집단, 언론매체)의 지원에 의존하여 대통령에 저항할 수 있다.

9　이러한 관료들의 책임 회피 현상은 여러 연구들에 의하여 실제로 광범위하게 존재한다는 점이 경험적으로 밝혀진 바 있다(Carpenter 2001; Golden 1992; Kaufman 1976; Moe 2006; Wood and Waterman 1993). 미국의 포드 전 대통령은 이 문제와 관련하여 다음과 같이 언급하였다: "저는 관료 조직에 누구를 임명하고 해임하느냐의 문제에 있어서 대통령이 더 많은 권한을 가져야 한다고 생각합니다. 미국의 유권자는 대통령이 선거에서 주장하고 약속한 것 때문에 그를 뽑아 준 것입니다. 그러나 대통령이 관료 조직을 완전히 통제하지 못한다면 대통령이 위에서 내

대통령이 관료를 통제할 수 있는 방법은 몇 가지가 있다. 예를 들어 관료 조직에 책정되어 있는 예산을 삭감한다거나 정부 조직을 개편하겠다고 위협함으로써 관료에 대한 통제를 강화시킬 수 있다. 그러나 대통령이 관료를 통제하기 위하여 사용하는 가장 보편적이고 효율적인 방법은 바로 인사 결정이다(Lewis 2008; Moe 1985a, 1985b; Wood and Waterman 1991).

대통령은 자신의 정치적·정책적 비전을 관철시키고자 하는 의지가 충만한 충성심 있는 인물을 관료 조직의 수장에 앉히는 것을 통하여 관료에 대한 통제를 달성하고자 한다. 이렇게 임명된 고위공직자들은 자신이 이끄는 관료 조직 안에서 개별 관료들이 어떻게 행동하는지 근접거리에서 감독할 수 있다. 그리고 이러한 감독을 통하여 관료들이 대통령이 원하지 않는 방향으로 활동할지 모른다는 가능성을 미연에 차단시킬 수 있다. 또한 이들은 대통령의 비전을 관료 조직 내부뿐만 아니라 관료 조직과 연계되어 있는 다양한 이익집단 등에 홍보하고 설득하는 작업을 통하여 대통령이 원하는 방향대로 관료 조직의 정책목표가 설정되도록 만들 수 있다. 다시 말해 이들은 관료조직 내·외부로부터 대통령의 비전에 대한 광범위한 합의를 만들어내고, 이를 통하여 관료에 대한 억압적 통제가 아닌 자발적 협조를 끌어낼 수도 있다는 것이다.

물론 인사 결정을 통하여 관료에 대한 완벽한 통제가 이루어지기는 어려울 수도 있다. 심지어 관료를 통제하라고 임명한 고위공직자가 관료 조직에 포획(captured)되어 대통령의 뜻과는 상반된 결정을 내릴 가능성도 존재한다(Edwards 2001). 왜냐하면 전문성과 뚜렷한 이해관계를

린 결정이 저 밑의 풀뿌리 수준에서 적절히 수행되기는 매우 어렵습니다"(Lewis 2008).

지니고 있는 관료 조직 속에 고위공직자가 들어가게 되면 그들을 통제하기 보다는 오히려 그들과 동화되어 관료의 이해관계를 대변하는 존재로 변모할 수도 있기 때문이다.[10]

상황이 이렇기 때문에 자신의 정치적·정책적 비전을 실현하고자 하는 대통령은 가능한 한 자신의 뜻을 따를 수 있는 충성심을 보유한 인물들을 고위공직에 앉히고자 하는 유인이 존재한다. 이러한 대통령들의 충성심에 경도된 인사 결정은 김영삼 정권과 김대중 정권에서는 같은 지역 출신들을, 노무현 정권에서는 같은 이념적 코드를 지닌 인물들을, 그리고 이명박 정권에서는 소위 고소영·강부자 라인에 속한 인물들을 임명하는 것으로 그 구체적인 모습을 드러내었다(양재진 2003; 정광호 2005).

결론적으로 임기 내에 자신의 정치적·정책적 비전의 실현을 목적으로 하는 대통령의 입장에서는 능력과 자질도 중요하지만 무엇보다도 자신에 대한 충성도가 높으며 서로 유사한 정치적·정책적 선호를 지니고 있는 인물을 임명하는 것이 가장 합리적인 선택이 될 수밖에 없다고 판단된다.[11]

---

10 노무현 정권 초기의 윤영관 외교통상부 장관이 대표적인 사례라고 할 수 있다. 친미적이고 보수적인 성향이 강한 외교통상부 안에서 윤영관 장관은 점차 노무현 대통령의 외교정책적 기조와 상반되는 주장을 하게 되었고, 결국 전격적으로 경질되고 말았다.

11 정치적 목적에 의하여 고위공직을 임명하는 것이 장기적으로 관료 조직의 업무 수행 능력을 떨어뜨린다는 연구결과가 있다(Heclo 1977; Lewis 2008). 이들 연구에 따르면 대통령에 의한 정치적 임명이 관료 조직 내부의 전문가 집단의 사기를 떨어뜨려 이들이 장기적으로 관료 조직을 이탈하게 만든다고 한다. 이러한 전문가 집단이 관료 조직에서 사라지게 되면 관료 조직의 전문성 수준이 저하되고, 이것이 결국 업무 수행 능력의 악화로 이어지게 된다는 것이다. 그러나 이러한 관료 조직의 업무 수행 능력 악화의 문제는 어디까지나 장기적인 차원에서 일어나고 있는 현상이다. 5년이라는 짧은 기간만이 주어진 대통령에게 있어서 그러한 장기적 차원의 문제는 중요한 고려대상이 되기 힘들다.

그렇다면 야당과 여당은 어떠한 목적을 지니고 인사청문과정에 참여하고 있으며, 그러한 목적이 어떻게 인사청문회에서 이들의 행위 패턴을 결정짓는가? 이 연구는 야당과 여당의 궁극적 목적은 차기 정권의 획득이라는 점을 전제로 한다. 즉 대선에서 승리하여 집권을 하는 것이 여당과 야당의 주된 목적이라는 것이다.[12] 정치적 • 정책적 비전의 구현을 목적으로 하는 대통령은 자신에 대한 충성심이 높은 인사를 임명하는 행위를 취하는 것으로 인사청문과정에 임하게 된다. 그렇다면 차기 정권의 획득을 목적으로 하는 야당과 여당은 인사청문과정에서 어떻게 행동하는 것이 자신의 목적을 가장 효과적으로 달성할 수 있겠는가? 먼저 대통령과 대척점에 서 있는 야당부터 살펴보도록 하자.

---

12 정당의 주된 목적은 권력의 획득 또는 획득한 권력의 유지에 있다는 점은 익히 알려진 사실이다(신명순 2006; Downs 1957).

5-2 야당

인사청문과정에 참여하는 야당은 대통령에 대한 충성도가 높은 인물의 임명은 어떻게든 막고자 할 것이다. 앞에서도 언급하였지만 충성도가 높은 인물을 임명하는 것은 관료에 대한 대통령의 정치적 통제를 가장 효과적으로 이끌어낼 수 있는 수단이다. 그러므로 대통령에 대한 충성심이 높은 인물이 행정 부처의 수반으로 활동하는 경우 국가 정책의 입안과 집행이 대통령의 의중대로 나아갈 가능성이 매우 높아진다. 이는 야당의 정책적 선호가 제대로 반영되지 못한 채 국가의 정책이 집행된다는 측면에서 야당에게 불이익을 가져다주는 것이다. 그리고 만약 그러한 정책이 성공이라도 거두게 되어 대통령과 여당의 업적으로 인정받게 된다면 다음 대선에서 야당은 매우 불리한 입장에 처할 수 있다. 따라서 야당은 그러한 인물의 임명을 막기 위하여 후보자에 대한 대대적인 공세를 펼칠 강력한 유인이 존재한다.

야당의 고위공직 후보자에 대한 비판과 공격은 전 방위적으로 이루어진다. 그러나 후보자에 대한 가장 흔한 비판과 공격은 도덕적·윤리적 차원에서 이루어지고 있다. 한국의 경우 권위주의적 독재정권이 상당히 오랜 기간 동안 유지되면서 전반적으로 부정부패에 무감각한 사회적 흐름이 만들어졌다. 한편 민주화 이후에는 살벌한 경쟁사회가 도래하는 와중에 규칙을 준수하기보다는 무시하거나 우회하는 것이 경쟁에서 살아남을 가능성을 높일 수 있다는 인식도 사회 저변에 뿌리를 내리게 되었다. 한국의 민주주의가 심화되어가면서 이러한 부정·부패·탈법적 행위에 대한 비판적 의견이 시민사회로부터 많이 표출되고 있다는 점은 매우 긍정적이다. 그러나 독재 시대와 민주주의 심화 이전의 시기에 청년기를 보낸 우리의 기성세대는 털어서 먼지 안 나오는 경우가 매우 드문 존재가 되어버렸다. 이러한 현실 속에서 후보자가 비도덕적이고 청렴하지 못한 일을 하였다는 것을 찾아내는 것은 비교적 쉬운 일이다. 더욱이 야당은 인사청문회에서 그러한 혐의를 입증할 필요도 없다. 왜냐하면 그러한 정황이 있다는 추정만으로도 한 인물에 대한 도덕성은 심각한 타격을 받을 수 있기 때문이다.

한편 제3장에서 살펴본 것처럼 야당은 후보자들의 과거 공직업무에 대해서도 매우 신랄한 비판과 공격을 가하고 있다. 후보자가 과거 공직에 종사하면서 업무에 충실하지 못 하였다던가 혹은 뇌물 수수 등 부정부패에 연루되었다는 등의 부정적인 의혹들을 인사청문회에서 끊임없이 제기하고 있는 상황이다. 야당은 이러한 것을 통하여 후보자들이 내정된 공직에 필요한 기본적인 전문성과 자질조차 지니고 있지 못하다는 점을 드러내고자 하는 것이다.

이와 같이 인사청문회를 통하여 후보자의 도덕성과 전문성이 손상되는 경우 그의 리더십과 권위 자체도 막대한 상처를 입게 된다. 리더십과 권위는 관료 조직을 통제하고 이끌어 나가는데 반드시 필요한 요소이다. 그러나 이러한 것이 손상된 경우 비록 후보자가 내정된 직책에 종국적으로 임명된다고 하더라도 효과적으로 관료 조직을 통제하고 이끌기는 힘든 상황이 발생할 수 있다. 결국 야당의 이러한 행위는 대통령의 정치적 · 정책적 비전이 성공적으로 구현되는 것을 막거나 적어도 상당 부분 지연시킬 수 있다는 점에서 매우 효과적이라 판단된다. 더구나 이러한 행위는 비도덕적이고 비전문적으로 평가되는 인물을 내정한 대통령에

게도 책임을 물을 수 있는 여지를 제공한다는 측면에서, 그리고 이를 통하여 대통령의 권위에도 손상을 입힐 수 있다는 측면에서, 부가적인 이점이 존재한다.

한편 야당은 대통령과 여당의 정책을 공개적으로 비판하는 기회의 장으로 인사청문회를 활용하기도 한다. 일반적으로 인사청문회는 많은 언론의 조명을 받는 정치적 이벤트이다. 즉 많은 유권자들의 관심이 인사청문회에 집중될 여지가 많다. 이런 상황에서 야당은 대통령과 여당의 정책에 대한 비판과 공격을 전개하는 것을 통하여 많은 유권자들에게 대통령과 여당이 정책적으로 실패를 거듭하는 국정 운영 능력이 없는 존재라는 것을 각인시킬 기회를 얻을 수 있다. 그리고 이는 차기 대선에서 야당에게 매우 유리하게 작용할 가능성이 있다.

또한 야당이 인사청문회에서 대통령의 정책에 대한 비판과 공격을 전개하는 것은 이들에게 또 다른 정치적 이득을 만들어낼 가능성이 있다. 국가 정책은 일반인들이 쉽게 이해할 수 없는 내용들을 많이 담고 있다. 그리고 정부에 의해 만들어지는 정책에 대한 정확한 이해가 없는 상황에서 일반 유권자들은 수동적으로 그러한 정책을 받아들일 가능성이 높다. 그러나 야당에 의하여 그러한 정책이 지니고 있는 문제점들이 제기되는 경우 유권자들은 좀 더 신중하게 정부의 정책을 고려하게 된다.[13] 이런 경우 대통령과 여당은 정책을 입안하고 집행할 때 국민의 여론을 좀 더 주의 깊게 살펴봐야 하며, 따라서 그렇지 않은 경우보다 국정 운영에 더 많은 제약을 받게 된다. 그리고 이러한 제약은 효율적인 정책 집행

---

13 정치엘리트가 여론의 형성에 많은 영향을 미칠 수 있다는 점은 젤러(Zaller 1992)를 참조하시오.

을 방해하는 요소로 작동함으로써 대통령의 정책적 비전을 실현하는데 하나의 장애요인이 될 수 있다.

결국 인사청문과정에서 대통령이 충성도 높은 인물을 임명하는 것에 대한 야당의 대응은 대통령이 추구하는 정치적·정책적 비전이 성공적으로 이루어지는 것을 차단하기 위하여 후보자와 그를 내정한 대통령을 최대한 공격하는 것으로 요약될 수 있다. 그리고 이들의 이러한 행위의 이면에는 차기 대권을 획득하기 위한 목적이 내재되어 있다.[14] 대통령이 성공한 대통령으로 평가되어질 경우 다음 선거에서 야당이 승리할 확률은 떨어질 수밖에 없다. 따라서 대통령의 정책적 성공을 최대한 견제하고 억제함으로써 야당의 후보가 차기 선거에서 유리한 고지를 점하게 만드는 것이 야당에게 있어서는 매우 중요하다. 대통령의 정책적 비전을 좌절시키기 위한 야당의 노력은 정책의 입안과 집행의 시점이 되는 고위공직자 임명과정부터 본격적으로 시작되고 있는 것이다.[15]

---

14 차기 대통령이 자신이 속한 정당에서 나오는 것은 의원들의 개인적 이익과도 직결된다. 우선 여당의원으로서 누릴 수 있는 여당 프리미엄을 확보할 수 있다. 예를 들어 당·청간 조율을 통하여 국가 정책의 입안과 집행에 야당의원들보다 많은 영향을 미친다든지, 국가 정책의 향방에 많은 영향을 받는 이익집단으로부터 보다 많은 선거자금을 확보할 수 있다든지, 국책사업을 자신의 지역구에 유치할 가능성이 높아진다든지 하는 것들이 여당 프리미엄이라 할 수 있다. 이러한 의원으로서 누릴 수 있는 프리미엄 이외에도 총리나 장관 등 행정부 각료로 임명될 가능성도 존재하며, 각료로 임명되었을 경우 행정 업무의 수행을 통하여 소위 말하는 '대권 수업'을 받을 수 있다. 물론 성공적인 업무를 수행한 경우에는 스스로를 강력한 차기 대권 주자로 거듭나게 할 여지도 있다. 차기 정권의 획득을 위하여 움직인다는 것은 일면 정당이라는 조직의 목적을 위하여 자신의 이해관계를 종속시키는 의타적 행위만으로 이해될 소지가 있다. 그러나 그러한 행위의 이면에는 엄연한 개인적 이해타산이라는 합리성이 자리 잡고 있다고 할 수 있다.

15 이는 현재 미국에서 발생하고 있는 '다른 수단에 의한 정치'(politics by other means)가 한국에도 그대로 적용되어질 수 있다는 점을 의미한다. 긴스버그와 쉐프터(Ginsberg and Shefter, 1990)는 선거에서 승리하는 것이 지상과제가 되어 폭로나 사법적 기소와 같은 여야간의 무자비한 정파적 공방이 지속되고 있는 상황을 가리켜 '다른 수단에 의한 정치'라는 개념을 통하여 설명하고 있다.

5-3 여당

그렇다면 정권 재창출을 목적으로 하는 여당은 인사청문회에서 어떠한 행위를 선택해야만 자신의 목적을 가장 효과적이고 효율적으로 달성할 수 있겠는가? 일단 여당은 내정된 후보자가 너무나 심각한 문제점을 지니고 있어 득보다는 실이 많다고 판단하지 않는 한, 대체로 대통령이 내정한 후보자를 보호하고 지지하는 차원에서 인사청문회를 진행하고자 할 가능성이 높다.

우선 여당은 야당의 후보자의 도덕성과 전문성을 타깃으로 한 공세를 무마시키기 위하여 많은 노력을 기울이고 있다. 다시 말해 여당은 인사청문회에서 후보자의 도덕성과 전문성에 대한 야당의 공세가 근거 없는 것임을 밝히거나 후보자로 하여금 소명할 수 있는 기회를 주는데 주력한다. 이는 후보자를 내정한 대통령의 체면과 권위를 세워주는 동시에 후보자의 리더십과 권위에 대한 손상을 최소화시키기 위한 것이라 할 수 있다. 이를 통하여 여당은 향후 행정부의 국정 운영이 성공적으로 이루어지기를 기대하고 있는 것이다.

또한 여당은 인사청문회에서 대통령과 여당의 정책적 기조를 후보자에게 재인식시키기 위한 노력을 기울이기도 한다. 이러한 행위는 크게 두 가지의 목적을 지닐 수 있다. 하나는 후보자에게 정책의 우선순위를 어떻게 두어야 하는지 명시적으로 밝힘으로써 후보자의 향후 업무 집행에 대한 일종의 로드맵을 미리 설정해놓는 것이라 할 수 있다. 다른 하나는 그러한 정책이 왜 필요한지에 대한 논의를 통해서 일반 유권자들을 대상으로 정책 집행의 정당성을 제공하기 위함이다. 이러한 행위는 정책에 대한 유권자의 지지를 확보함으로써 후보자들이 임명되었을 경우 원활한 업무 수행이 가능하도록 돕기 위한 것이라 해석할 수 있다.

여당이 차기 대선에서 또 다시 승리하기 위해서는 대통령이 성공적인 업적을 쌓을 필요가 있다. 성공적인 대통령이 되기 위해서는 성공적인 정책 집행이 필수적이다. 정책의 성공 여부는 그 정책의 입안과 집행에 일차적인 책임이 있는 고위공직자들이 얼마나 효과적으로 업무를 수행할 수 있는가에 달려 있다. 그리고 고위공직자들의 효과적 업무 수행을 위해서는 이들이 인사청문회를 최대한 성공적으로 통과해야 할 필요가 있다. 인사청문회에서 여당이 야당의 정치적 공격으로부터 적극적으로 후보자를 보호하고자 하는 이유는 결국 정권 재창출이라는 자신들의 목적을 이루기 위한 합리적 선택의 소산이다.

5-4 소결

지금까지의 논의를 요약하자면 다음의 〈그림 5-1〉과 같다. 고위공직자 임명과정에서 여야간 정치적 공방이 첨예하게 전개되는 이유는 대통령, 여당, 그리고 야당의 목적에 긴밀히 연계되어 있다. 자신의 정치적•정책적 비전을 구현하고자 하는 대통령은 충성심 높은 인물로 정부를 구성하고자 한다. 차기 대권의 획득을 목적으로 하는 야당은 대통령의 정책이 성공적으로 이루어지는 것을 막거나 적어도 지연시키기 위하여 후보자에 대한, 그리고 대통령과 여당의 정책에 대한 정치적 공격을 시

〈그림 5-1〉 인사청문회 주요 행위자의 목적과 선택 행위, 그리고 집합적 결과

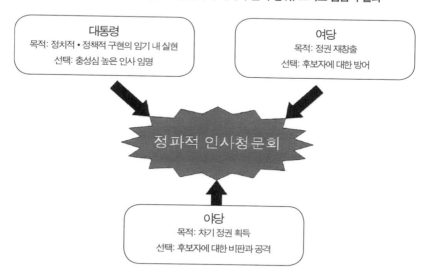

도하고자 한다. 마찬가지로 대통령의 정책적 성공이 정권 재창출과 직결된다는 것을 인식하고 있는 여당은 대통령이 내정한 인물에 대한 야당의 공격을 최대한 방어하고, 대통령과 자신들의 정책의 정당성을 입증하고자 많은 노력을 기울이고 있다. 이러한 행위자들의 합리적 선택이 하나로 모아질 때 인사청문회는 여방야공의 정파적 인사청문회로 거듭나게 된다.

그렇다면 이제 인사청문제도를 분석하고 있는 우리의 관심영역을 청와대와 국회로부터 언론매체로 확대시켜보도록 하자. 인사청문회가 많은 국민의 관심을 끄는 정치적 이벤트라는 점은 익히 알려진 사실이다. 그러나 인사청문회에 관심이 많다고 하여 직접 인사청문회 장소에 찾아가거나 국회방송에서 생중계되고 있는 장면을 오랜 시간 동안 지켜보고 있는 국민은 그리 많지 않다. 대부분의 국민들은 인사청문회와 관련된 정보를 언론매체를 통하여 획득하고 있다. 이런 상황에서 언론매체가 얼마나 정확하게 국회 인사청문회를 보도하고 있는지 확인하는 작업은 중요한 정치적 함의를 지닐 수 있다. 이에 대해서는 다음 장에서 살펴보도록 한다.

제6장. 인사청문회에 대한 언론매체의 보도행태[1]

국민들은 국회방송을 통하여 실시간으로 중계되는 인사청문회의 현장을 지켜볼 수도 있다. 그리고 국회 홈페이지에 게시되어 있는 인사청문회 회의록을 열람해볼 수도 있다. 그러나 이처럼 실시간으로 중계되는 방송을 처음부터 끝까지 지켜보거나 회의록을 다운받아 자세히 살펴볼 정도로 인사청문회에 절대적인 관심을 쏟아 붓는 국민은 거의 없다. 대다수의 국민들은 인사청문회에서 일어난 일들에 대한 정보의 대부분을 언론매체를 통하여 접하고 있고, 따라서 국회에서 진행되고 있는 인사청문회에 대하여 언론매체를 매개로 한 간접적인 경험을 할 뿐이다.

이러한 상황에서 언론매체가 인사청문회를 어떻게 보도하고 있는가 하는 점은 매우 중요한 정치적 함의를 내포하고 있다. 왜냐하면 언론매

---

1 이 장의 출처는 다음과 같다. 최준영 · 조진만. 2009. "인사청문회, 미디어, 그리고 정치적 신뢰: 프라이밍 효과(priming effects)를 중심으로" 『국가전략』 제15권 4호.

체에서 제공하는 정보에 의존할 수밖에 없는 국민들은 고위공직 임명과정에 대한 의견뿐만 아니라 고위공직자, 그리고 더 나아가 정치인 전반에 대한 나름의 의견을 형성시켜 나가는데 있어서 바로 이러한 정보를 활용할 것이기 때문이다. 다시 말해 언론매체의 인사청문회에 대한 보도는 고위공직 임명과정에 연계된 여러 이슈들에 대한 국민의 여론 형성에 중대한 영향을 미칠 수 있다는 것이다.

따라서 이 장은 언론매체가 인사청문회를 어떻게 보도하고 있는지 살펴보는 것을 목적으로 한다. 보다 구체적으로 이 연구는 다음과 같은 두 가지 측면에 관심의 초점을 맞추고자 한다. 첫째, 언론매체가 국회 인사청문회에서 실제로 벌어졌던 상황을 얼마나 정확하게 보도하고 있는지 분석한다. 만약 언론매체의 보도가 실제 인사청문회의 내용과 차이를 보이고 있다면, 언론매체의 보도가 인사청문회의 여러 측면들 중 특히 어느 측면에 주된 초점을 맞추고 있는지 살펴본다. 둘째, 언론매체의 이념적 성향이 인사청문회에 대한 보도에 어떠한 영향을 미치는지 살펴본다. 즉 보수적 성향의 언론매체와 진보적 성향의 언론매체 사이에 인사청문회를 보도하는 방식이 차별성을 띠고 있는지를 분석한다.

이 장은 다음과 같이 구성되어 있다. 우선 제1절은 이론적 논의로서 언론매체가 국민의 정치적 의견 형성에 어떠한 영향을 미칠 수 있는지를 주로 프라이밍 효과(priming effects)의 측면에서 살펴본다. 제2절에서는 본 연구의 연구디자인을 소개한다. 이어서 제3절에서는 연구결과의 제시와 함께 이 결과가 지니고 있는 함의가 논의된다.

6-1 언론매체의 영향력: 프라이밍 효과

언론매체가 국민들의 정치적 의견 형성에 미치는 영향을 연구한 초기 연구들은 대부분 언론매체의 영향력이 거의 없거나 있어도 매우 약하다는 최소효과론(the doctrine of minimal effects)을 주장하였다(Lazarsfeld et al. 1948; Berelson et al. 1954; McGuire 1985). 예를 들어 라자스펠드와 그 동료들(Lazarsfeld et al. 1948)은 언론매체에 실린 대선 캠페인에 대한 보도는 유권자가 원래 지니고 있는 입장을 강화시킬 뿐 그들의 투표결정을 바꾸도록 설득하는 데는 실패하고 있다는 점을 발견하였다. 이들은 이러한 발견에 근거하여 정치적 측면에 있어서 언론매체의 영향력은 그리 크지 않다고 주장한 바 있다.

그러나 1980년대를 거치면서 이러한 최소효과론을 정면으로 반박하는 새로운 이론과 경험적 분석들이 쏟아져 나오기 시작하였다. 언론매체의 영향력에 대한 새로운 논의들은 주로 언론매체의 의제 설정 능력(agenda setting power), 프라이밍 효과, 그리고 프레이밍 효과(framing effects)에 초점을 맞추고 있다. 이 논의들에 의하면 언론매체는 국민들이 정치적 현상이나 정치인을 평가하는데 활용하는 여러 가지 판단기준을 제공하는 매우 중요한 역할을 수행한다고 한다. 어떤 기준을 가지고 평가를 하는가에 따라 평가결과가 달라질 수 있기 때문에 언론매체는 결과적으로 국민들의 정치적 의견 형성에 많은 영향을 미칠 수 있는 요인이 된다고 할 수 있다. 그렇다면 지금부터 언론매체의 프라이밍 효과에 초점을 맞추어 언론매체가 어떻게 국민들의 정치적 의견 형성에 영

향을 미치는지 좀 더 구체적으로 살펴보도록 하자.[2]

프라이밍 효과는 언론매체가 A라는 하나의 정치적 이슈를 구성하고 있는 여러 요인들 중 특정 요인만을 집중적으로 선별하여 보도하고, 국민들은 바로 그 요인에 입각하여 A라는 정치적 이슈를 평가하고자 할 때 나타나는 현상을 의미한다(류재성 2008; 이소영 2009; Hetherington 1996; Iyenger and Kinder 1987; Krosnick and Kinder 1990; Valentino et al. 2002). 1992년 미국 대선은 언론매체의 프라이밍 효과를 실감할 수 있는 중요한 사례 중 하나가 될 수 있다(Hetherington 1996). 현직 대통령이었던 부시와 아칸소 주지사였던 클린턴이 맞붙은 1992년 대선 당시 객관적인 경제지표는 미국의 경제상황이 빠른 속도로 호전되고 있음을 나타내고 있었다. 그러나 대부분의 언론매체는 선거캠페인 기간 동안 미국 경제에 대한 부정적인 뉴스를 집중적으로 보도하였다. 즉 미국 경제의 부정적인 측면에 언론매체의 보도성향이 프라임된 것이다. 이러한 언론매체의 보도성향은 미국의 유권자들이 대통령을 평가할 때 경제문제를 중요한 기준으로 삼도록 만들었고,[3] 그 평가 자체도 부시 대통령에게 매우 부정적인 방향으로 이루어지도록 유도하였다. 이에 헤더링턴 (1996)은 부정적인 경제상황에 프라임된 언론매체의 보도성향이 부시

---

2 본 연구의 주된 관심 중 하나는 인사청문회에 대한 언론매체의 보도가 어느 측면에 프라임되어 있는지 경험적으로 살펴보는 것이다. 따라서 이 장에서 언론매체의 의제 설정 효과나 프레이밍 효과에 관련된 연구에 대해서는 구체적으로 논의하지 않을 것이다. 이 두 가지 이론에 관심이 있는 독자는 아이옌거와 킨더(Iyenger and Kinder 1987), 넬슨 외(Nelson et al. 1997), 드럭맨 (Druckman 2004), 류재성(Ryu 2007) 등의 연구를 참조하시오.

3 이처럼 경제문제가 부시를 평가하는 중요한 기준으로 설정됨에 따라 걸프전 승리와 같은 부시에게 유리한 평가기준은 국민들이 부시를 평가할 때 충분히 고려되지 못하였을 가능성이 높다. 결국 언론매체의 프라이밍 효과는 정치인이나 정치 현안에 대한 평가를 할 때 중요한 기준이 어떤 것이 되어야만 하는가를 결정지을 뿐만 아니라 이것이 궁극적으로 국민들의 정치적 의견 형성에 영향을 미친다는 점에서 매우 중요한 의미를 지니고 있다.

가 1992년 대선에서 클린턴에게 패배한 중요한 원인 중 하나가 되었다고 주장한다.

그렇다면 이러한 언론매체의 프라이밍 효과는 구체적으로 어떤 과정을 통하여 국민들의 정치적 의견 형성에 영향을 미치는가? 이 과정을 이해하기 위해서는 일단 대다수 국민들이 정보 처리 과정에 있어서 인지적 구두쇠(cognitive miser)로 활동한다는 점을 이해할 필요가 있다. 일반 국민들이 어떤 정치적 현안이나 정치인을 평가하는 방식은 세부적이고 구체적인 차원에서 다양한 정보들을 수집한 뒤 이를 심도 있게 분석하여 종합적인 결론을 내리는 수순으로 이루어지지 않는다. 국민들은 이러한 방식보다는 정보의 지름길(information shortcut)을 적극적으로 활용하여 정치적 현안이나 정치인에 대한 평가를 내리는 것으로 알려져 있다(Lupia 1994; Mondak 1993; Rahn 1993).

예를 들어 국민들이 특정 교육정책에 대하여 평가를 하고자 하는 경우 그 정책에 대한 세세한 정보를 수집하여 분석하는 대신 자신이 평소에 신뢰하고 있는 시민단체나 정치인이 그 정책에 대하여 내린 평가를 자신의 입장으로 그대로 수용할 때 정보의 지름길이 활용되고 있는 것으로 볼 수 있다. 이처럼 인지적 구두쇠인 일반 국민들이 정치적 평가나 판단을 내릴 때 사용하는 정보의 지름길은 비단 시민단체나 정치인뿐만 아니라 언론매체, 전문가, 친구, 개인적 경험, 스테레오타입 등 매우 다양한 소스를 통하여 제공될 수 있다.[4]

---

4 사람들이 정보의 지름길을 정보 처리 과정에서 적극적으로 활용한다고 주장하는 학자들은 정보의 지름길이라는 단순한 방법을 사용하더라도 그렇지 않은 경우와 비교해볼 때 질적으로 비슷한 평가나 결정에 도달할 수 있다고 주장한다. 이러한 주장에 대한 경험적 증거는 현재 여러 곳에서 찾아볼 수 있다. 대표적인 예로 루피아와 맥커빈스(Lupia and McCubbins 1998), 그리고

이러한 상황에서 언론매체가 어떤 정치인이나 정치 현안의 특정 속성을 집중적으로 부각시켜 보도하는 경우 국민들은 바로 그 측면을 정보의 지름길로 활용하여 정치인이나 정치 현안에 대한 평가나 판단을 내리는 데 중요한 기준으로 고려하게 된다. 그렇다면 언론매체가 특정 측면을 집중적으로 보도하는 것이 어떻게 국민들로 하여금 그 측면을 정보의 지름길로 선택하게 만드는가? 이에 대해서는 두 가지 차원의 설명이 가능하다.

첫째, 언론매체가 어떤 정치인이나 정치현상이 지니는 특정 속성에 대하여 집중적으로, 그리고 지속적으로 보도하는 경우 언론매체에 의하여 프라임된 그 속성에 대한 접근 가능성(accessibility)이 올라가기 때문이다(Hetherington 1996; Iyenger and Kinder 1987; Miller and Krosnick 2000; Zaller 1992). 특정 정치인이나 정치적 현안의 한 가지 측면만이 지속적으로, 그리고 집중적으로 보도되는 경우 이 측면이 국민들의 뇌리에 강하게 고정될 것이라고 추정하는 것은 어려운 일이 아니다. 이런 상황에서 국민들이 그 정치인이나 정치적 현안에 대한 평가나 판단을 내려야 되는 경우 이들은 자연스럽게 언론매체에 의하여 프라임된 바로 그 측면을 머릿속에 떠올리게 된다. 따라서 이 측면이 주요 판단기준으로 설정되게 된다.

둘째, 언론매체가 특정 측면을 프라이밍 하는 경우 그 측면의 중요성이 증가하기 때문이다(Miller and Krosnick 2000; Nelson et al. 1997). 만약 특정 측면이 언론매체에서 집중적으로 다루어질 경우 국민들은 그러한 측면이 매우 중요한 의미를 지니고 있는 것이라고 생각할 수 있다. 이

라우와 레들러스크(Lau and Redlawsk 2006)를 참조하시오.

런 상황에서 국민들은 어떤 현안을 평가하거나 판단을 내려야할 때 다른 측면들보다는 언론매체에서 프라임된 바로 그 측면에 더 많은 가중치를 두고 평가와 판단을 하게 된다. 한 마디로 언론매체의 프라이밍 효과는 프라임된 측면의 접근 가능성과 중요성을 증가시킴으로써 국민들이 그 측면을 평가와 판단의 기준으로 삼을 가능성을 높이기 때문에 발생하게 된다.

이상에서 살펴본 바와 같이 언론매체는 국민들의 정치적 의견 형성에 많은 영향을 미칠 수 있다. 특히 언론매체가 특정 정치인이나 정치적 현상의 어떤 측면에 프라임하여 보도하는가 하는 문제는 그 정치인이나 정치적 현상에 대한 국민들의 평가기준에 영향을 미칠 수 있기 때문에 중요한 의미를 갖는다. 전술한 것처럼 본 연구는 인사청문회에 대한 언론매체의 보도가 어느 분야에 프라임되어 있는지를 경험적으로 분석하고, 언론매체의 이념적 성향에 따라 보도성향이 차이를 보이는지를 살펴보는 것에 목적을 두고 있다. 그렇다면 이러한 연구목적을 수행하기 위하여 이 연구가 어떤 연구디자인을 채택하고 있는지는 알아보도록 하자.

6-2 연구디자인

인사청문회에서 실제로 진행된 내용과 언론매체의 보도내용이 얼마나 부합하고 있는지 알아보기 위한 작업이 가능하기 위해서는 우선 국회에서 인사청문회가 어떻게 진행되었는지 알 필요가 있다. 이에 대해서 우리는 제3장에서 사용하였던 총 5회에 걸친 국무총리 인사청문회(고건, 이해찬, 한명숙, 한덕수, 한승수) 회의록 데이터를 활용하고자 한다. 한편 언론매체에서 인사청문회가 어떻게 보도되고 있는지 알아보기 위하여 우리는 5대 일간지인 조선일보, 중앙일보, 동아일보, 경향신문, 한겨레신문을 분석대상으로 삼았다.

이 일간지에 국무총리 인사청문회에 관련하여 게재되어 있는 기사는 크게 두 가지 종류로 나눌 수 있다. 첫 번째 종류의 기사는 국무총리 인사청문회가 어떻게 진행되었는지를 소개하는 기사이다. 또 다른 종류의 기사는 국무총리 인사청문회를 둘러싼 각 정당들의 전략이나 문제점 등을 다루고 있는 분석기사이다. 국무총리 인사청문회에서 실제로 진행된 내용과 언론매체의 보도가 얼마나 부합하는지를 적실성 있게 분석하기 위하여 우리는 두 번째 종류의 기사는 배제하고, 첫 번째 종류의 기사에 초점을 맞추어 분석을 진행하였다. 일반적으로 국무총리 인사청문회의 내용을 소개하는 기사는 의원의 질의를 적고, 이에 대한 후보자의 답변을 병렬식으로 나열하는 형태로 구성되어 있다.

5대 일간지에서 다루고 있는 국무총리 인사청문회 보도기사에 대한 코딩은 기사에 나와 있는 의원들의 질의가 제3장의 인사청문회 회의록 데이터에서 어떻게 코딩되어 있는지를 확인한 후, 동일하게 코딩하는 방식으로 이루어졌다. 예를 들어 설명하면 다음과 같다. 2003년 2월 21일자 중앙일보 고건 국무총리 후보자 인사청문회 보도기사에는 다음과 같은 내용이 나온다.

한나라당 윤경식(尹景湜)의원은 "高 후보자가 지난해 8월 동숭동 자택을 주거용이 아닌 식당 용도로 세를 놓았음에도 임대사업 신고를 늦춰 부가가치세법을 위반했다"고 주장했다.

이 질의는 고건 후보자 인사청문회 회의록 데이터에서 "윤리적 부적절성"으로 코딩되어 있다. 따라서 위의 중앙일보 보도내용 역시 "윤리적 부적절성"으로 코딩하였다. 이와 같은 방식으로 각 매체의 인사청문회 보도기사에 나와 있는 의원들의 모든 질의가 측정되었다.

그러나 언론매체 보도기사에 대한 측정과 관련해서 다음의 몇 가지 점들은 짚고 넘어갈 필요가 있다고 판단된다. 첫째, 기사에 나타나 있는 의원들의 질의는 실제 인사청문회에서 의원들이 질의한 내용이 축약되어 적혀진 경우가 많았다. 이 경우 우리는 보도기사에 나와 있는 의원들의 질의와 가장 비슷한 내용의 질의[5]를 인사청문회 회의록에서 찾아 측정하는 방식을 취하였다. 둘째, 의원들이 인사청문회에서 여러 번에 나누어 제기한 질의를 하나로 묶어 보도하는 기사가 간혹 존재하였다. 언론매체의 보도기사에 나타난 의원들의 질의는 총 258건인데 이 중 두

---

5 가장 비슷한 질의를 회의록에서 찾았다는 것은 기사가 보도하고 있는 의원들의 질의와 내용상으로 비슷할 뿐만 아니라 기사에 적혀 있는 것과 똑같은 단어나 어구가 들어가 있는 질의를 회의록에서 찾았다는 것을 의미한다.

건이 인사청문회에서 의원들이 복수로 질의한 것을 하나로 묶어 놓은 것이었다. 이러한 질의는 정확히 어떤 범주에 포함되는지 측정하기 어렵기 때문에 분석에서 제외하였다. 셋째, 보도기사에 나타난 총 258건의 의원들의 질의 중 회의록에서 확인하기 불가능한 질의가 총 6건 있었다. 이 6건의 질의도 마찬가지로 분석에서 제외하였다.

우리는 인사청문회의 실제 내용과 언론매체의 인사청문회 보도기사가 얼마나 부합하는지 살펴보기 위하여 제3장의 〈표 3-1〉에 나와 있는 10개의 범주에 포함된 질의가 전체 질의에서 얼마만큼의 비율(%)을 차지하고 있는지를 산출한 후 서로 비교하는 방법을 사용하고자 한다. 그리고 언론매체의 이념적 성향에 따라 인사청문회에 대한 보도성향이 차이를 보이는지 확인하기 위하여 조선일보·중앙일보·동아일보를 보수적 신문으로, 경향신문·한겨레신문을 진보적 신문으로 구분하여 10개의 범주에 포함된 질의의 비율(%)이 서로 차이를 보이는지를 살펴보고 있다.

한편 한승수 국무총리 후보자 인사청문회와 노무현 정부 때 실행되었던 4회의 국무총리 인사청문회를 따로 떼어내어 비교분석을 수행할 필요도 있다고 판단된다. 왜냐하면 정권이 진보적 정부에서 보수적 정부로 바뀜에 따라 진보적 신문과 보수적 신문의 보도성향도 차이를 보일 가능성이 존재하기 때문이다. 다시 말하면 진보적(보수적) 신문은 노무현 정부 때에는 비교적 긍정적인(부정적인) 입장에서 인사청문회를 보도하고, 이명박 정부 때에는 부정적인(긍정적인) 차원에서 인사청문회를 보도하는 행태를 보일 수 있다.

6-3 연구결과와 함의

인사청문회의 내용과 5대 일간지의 인사청문회 보도내용이 얼마나
일치하고 있는지에 대한 분석결과는 〈그림 6-1〉에 제시되어 있다. 〈그
림 6-1〉에서 확인할 수 있듯이 언론매체의 인사청문회 보도내용은 실제
로 진행된 인사청문회의 내용과 상당한 차이를 보이고 있다. 이러한 차
이는 크게 다음의 세 가지 차원에서 축약하여 정리해볼 수 있다.

첫째, 국무총리 후보자의 도덕성에 관련된 내용이 실제 인사청문회보
다 훨씬 높은 비율로 보도되고 있다. 총 5회에 걸친 국무총리 내정자 인
사청문회에서 의원들이 후보자의 도덕성(윤리적 부적절성+윤리적 소

〈그림 6-1〉 인사청문회와 5대 일간지 인사청문회 보도내용 비교

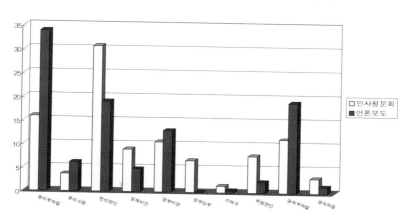

명)에 관하여 제기한 질의는 전체 질의의 19.5%를 차지하였다. 그러나 언론매체의 인사청문회 보도기사에서는 이러한 종류의 질의가 전체 질의의 40%를 차지하고 있어 실제 인사청문회의 내용과 비교하여 두 배가 넘는 비율을 보이고 있다. 윤리적 부적절성에 관련된 질의에 국한하여 살펴보더라도 실제 인사청문회에서 의원들이 제기한 질문이나 발언은 전체 질의의 15.9%를 차지한 반면 언론매체에서는 33.9%를 차지하고 있어 두 배가 넘는 상황이다.

둘째, 후보자의 과거 공직업무 수행에 대한 부정적인 평가와 함의 등이 포함된 질문이나 발언의 비율도 실제 인사청문회와 언론매체 보도 사이에 큰 차이를 보이고 있다. 실제 인사청문회에서 이러한 종류의 질의는 전체 질의의 11.3%를 차지하였다. 그러나 언론매체의 인사청문회 보도기사에서는 19.1%에 달하여 거의 두 배에 가까운 차이를 보였다.

셋째, 현안에 대한 판단이나 정책적 비전과 같이 후보자의 능력을 직접적으로 검증하는 차원에서 제기되는 질의에 대한 비율도 실제 인사청문회와 언론매체 보도간에 큰 차이를 나타내고 있다. 현안에 대한 후보자의 판단을 물어보는 의원들의 질의는 실제 인사청문회에서 전체 질의의 30.7%를 차지하였다. 그러나 언론매체에서 이러한 종류의 질의는 전체 질의의 19.1%에 불과하였다. 정책적 비전을 물어보는 질의나 발언도 실제 인사청문회에서는 9%를 차지한 반면 언론매체에서는 4.8%에 불과하였다.

이와 같은 세 가지 사항을 종합적으로 고려해본다면 다음과 같은 해석이 가능하다. 우선 언론매체가 실제 벌어졌던 상황을 있는 그대로 국민들에게 전달하고 있지는 않다는 점이다. 인사청문회 안에서 의원들에 의하여 제기되고 있는 여러 질의들 중 특히 언론매체가 집중적으로 보도하는 질의들이 존재하며, 이것은 후보자의 윤리적 부적절성과 과거 공직업무 수행에 대한 비판에 관련된 질의들이다. 반면 고위공직자로서 후보자의 능력 검증과 관련된 질의들은 실제 인사청문회에서 제기된 질의의 비율보다 훨씬 낮게 보도되고 있다. 이렇게 볼 때 결국 언론매체는 인사청문회를 후보자의 부정적인 측면에 프라임하여 보도하고 있다는 결론을 도출할 수 있다.[6]

한편 후보자의 부정적 측면에 프라임되어 있는 위와 같은 언론매체의 보도성향은 언론매체의 이념적 성향에 따라 차이를 보일 가능성이 존재한다. 이를 확인하기 위하여 이 연구는 인사청문회에 대한 보도기사를 보수적 성향인 조선일보 • 중앙일보 • 동아일보와 진보적 성향인 경향신문 • 한겨레신문으로 나누어 5회에 걸친 인차청문회의 실제 내용과 비교하여 보았다. 이 결과는 〈그림 6-2〉에 제시되어 있다.

〈그림 6-2〉에 따르면 보수성향의 신문과 진보성향의 신문간에 인사청문회 보도방향이 거의 차이를 보이고 있지 않음을 알 수 있다. 그나마

---

6 박성희 • 임윤주(2012)는 우리가 이 책에서 사용한 방법과 비슷한 방식을 활용하여 장상 국무총리 후보자에서부터 김황식 국무총리 후보자까지 총 11차례에 걸친 국무총리 후보자에 대한 인사청문회 회의록을 분석하고, 이것이 언론매체에서 어떻게 보도되었는지 분석하였다. 이들의 분석결과는 아래의 〈표 6-1〉에 정리되어 있다. 〈표 6-1〉에 따르면 인사청문회에서 고위공직 후보자의 직무역량과 관련한 질의는 62.1%의 비중을 차지하여 도덕성과 관련한 질의 37.9%보다 훨씬 더 많은 특징을 보였다. 그러나 실제 언론의 보도는 이와 정반대로 고위공직 후보자의 도덕성과 관련한 보도(61.9%)가 직무역량과 관련한 보도(38.1%)보다 더욱 많은 특징을 보였다.

〈표 6-1〉 인사청문회 회의록과 언론 보도의 차이

질의 범주	인사청문회 회의록	언론보도
직무역량	1,123 (62.1%)	149 (38.1%)
도덕성	684 (37.9%)	242 (61.9%)
전체	1,807 (100.0%)	391 (100.0%)

출처: 박성희 • 임윤주(2012, 170).

약간의 차이를 보이고 있는 것은 후보자의 윤리적 측면에 관련된 질의인데 그 차이도 실질적인 의미를 부여하기에는 너무 작은 것으로 판단된다(보수신문 35.6% 대 진보신문 31.6%).

한편 〈그림 6-2〉는 〈그림 6-1〉과 유사한 패턴을 보이고 있는 것으로 나타났다. 즉 언론매체의 이념적 성향과 상관없이 후보자의 윤리적 부적절성과 과거 공직업무의 부적절성에 관련된 질의의 비율이 실제 인사청문회와 비교하여 과다대표되고 있는 반면 현안 판단이나 정책적 비전을 물어보는 질의의 비율은 실제보다 매우 낮게 나타나고 있다. 이것은 결국 진보적이건 보수적이건 모든 언론매체가 인사청문회를 후보자의 부정적인 측면에 프라임하여 보도하고 있다는 것을 의미한다.

그러나 〈그림 6-2〉에 나타난 것처럼 언론매체의 이념적 성향에 따라 인사청문회 보도내용이 차이를 보이지 않는 이유는 한승수 국무총리 후보자에 대한 인사청문회 결과를 과거 노무현 정부 당시 시행되었던 4회

〈그림 6-2〉 인사청문회와 보수/진보 신문 인사청문회 보도내용 비교

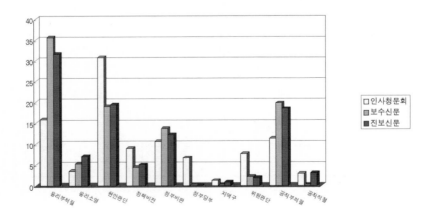

의 국무총리 후보자 인사청문회의 결과와 함께 분석하였기 때문일 수 있다. 즉 진보적 성향을 띤 노무현 정권 당시 시행되었던 인사청문회에 대하여 진보적 신문은 보수적 신문에 비해 긍정적으로 보도하였으나 보수적 성향인 이명박 정권이 들어서 시행된 한승수 후보자의 인사청문회에 대해서는 매우 부정적으로 보도하였을 가능성이 존재한다. 반면 보수적 신문은 정권의 성향에 따라 진보적 신문과는 정반대로 인사청문회를 보도하였을 수 있다. 이런 상황에서 노무현 정권 당시의 4회의 국무총리 인사청문회와 한승수 후보자의 인사청문회를 함께 분석하는 것은 상반된 보도성향이 서로 상쇄됨으로써 진보적 신문과 보수적 신문의 보도성향의 차이를 억제하는 효과를 만들어낼 수 있다. 이와 같은 점을 고려하여 이 연구는 노무현 정권 당시 시행되었던 4회의 인사청문회와 이명박 정권에서 시행된 한승수 후보자의 인사청문회를 따로 떼어내어 분석하여 보았다. 이 결과는 각각 〈그림 6-3〉과 〈그림 6-4〉에 제시되어 있다.

우선 〈그림 6-3〉과 〈그림 6-4〉에서 공통적으로 발견되는 점은 정권의 성향을 불문하고 진보/보수 신문 공히 내정자의 윤리적 부적절성과 과거 공직업무의 부적절성에 프라임하여 인사청문회를 보도하고 있다는 것이다. 그러나 그럼에도 불구하고 어떤 정권에서 인사청문회가 실시되었는가는 신문의 이념적 성향에 따라 일정 정도 차이를 만들어내고 있다는 점 또한 확인할 수 있다. 노무현 정권 당시 시행되었던 인사청문회를 살펴보면 후보자의 윤리적 부적절성에 관련된 질의는 보수성향의 신문이 진보성향의 신문보다 더 높은 비율로 보도하고 있다(보수신문 31.8% 대 진보신문 23.7%). 그러나 한승수 후보자에 대한 인사청문회 때에는 보수적 신문보다는 진보적 신문이 윤리적 부적절성에 관련된 질의를 더 높은 비율로 하고 있는 것을 알 수 있다(보수신문 52% 대 진보

〈그림 6-3〉 인사청문회와 보수/진보 신문 인사청문회 보도내용 비교: 노무현 정권

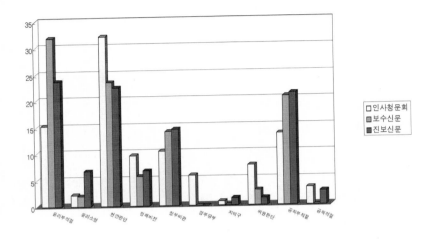

〈그림 6-4〉 인사청문회와 보수/진보 신문 인사청문회 보도내용 비교: 한승수 후보자

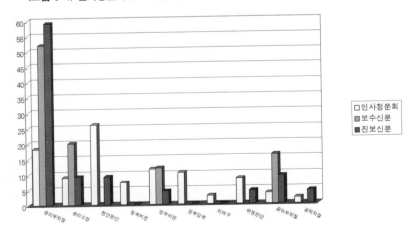

신문 59.1%). 또한 윤리적 소명과 관련된 질의는 노무현 정권 당시의 인사청문회에는 보수적 신문 1.9% 대 진보적 신문 6.6%였으나 한승수 인사청문회에는 보수적 신문 20% 대 진보적 신문 9.1%가 되어 그 방향이 역전되어 나타났다.

이러한 결과는 적어도 후보자의 윤리적 측면에 있어서 언론매체가 자신의 이념적 성향과 비슷한 정부가 집권하고 있는 시기에는 비교적 우호적으로, 그리고 상이한 이념적 성향을 지닌 정부가 집권하고 있는 시기에는 비교적 비판적으로 인사청문회에 대한 보도를 하고 있다는 점을 의미한다. 그러나 모든 범주에서 이러한 현상이 발견되는 것은 아니다. 한승수 후보자에 대한 인사청문회의 결과를 보면 예상과는 달리 보수적 신문이 진보적 신문보다 내정자의 과거 공직업무에 대한 비판적 질의를 더 많이 보도하고 있는 반면 진보적 신문은 보수적 신문보다 과거 공직업무에 대한 긍정적 질의나 발언을 더 많이 보도하고 있기 때문이다. 따라서 우리는 윤리적 차원에 있어서 보수적 신문은 보수 정권에, 그리고 진보적 신문은 진보 정권에 우호적인 보도행태를 보이고 있을 뿐 다른 차원의 문제에 있어서는 신문의 이념적 성향에 따른 차이가 뚜렷하게 나타나지 않는다고 결론지을 수 있다.

지금까지의 분석을 종합적으로 고려한다면 언론매체의 인사청문회에 대한 보도는 후보자의 윤리적 부적절성과 과거 공직업무의 부적절성에 프라임되어 있으며, 이러한 언론매체의 보도성향은 언론매체의 이념적 차이와 상관없이 나타나고 있다는 것으로 요약될 수 있다. 물론 후보자의 윤리적 문제에 대해서는 정권과 비슷한 이념적 성향을 지닌 언론매체는 비교적 우호적으로, 그리고 상반된 이념적 성향을 지닌 언론매체는 비판적으로 보도를 하고 있다는 점은 확인할 수 있었다. 그렇지만 다른 차원의 이슈에 있어서는 그리 큰 차이가 발견되고 있지 않기 때문에 언론매체의 이념적 성향에 따른 보도행태의 차이가 뚜렷이 존재한다고 주장하기는 힘든 상황이라 판단된다.

언론매체의 프라이밍 효과는 이미 앞서 말한 대로 국민들이 정치인이나 정치적 이슈를 평가하거나 판단하는 기준을 결정하는데 직접적인 영향을 미치는 것으로 알려지고 있다. 그렇다면 고위공직 후보자의 윤리적 부적절성과 과거 공직업무의 부적절성을 집중적으로 또 지속적으로 보도하고 있는 언론매체의 보도성향은 국민들에게 어떤 영향을 미칠 수 있을까? 다음 장에서 좀 더 자세히 이 내용을 다루겠지만 이러한 언론매체의 보도성향은 국민들의 정치적 신뢰를 감소시키는데 매우 중요한 역할을 하고 있을 것으로 판단된다.

언론매체가 정치인이나 정치제도에 대하여 부정적인 보도를 하는 경우 국민들 사이에서 정치적 신뢰가 감소한다는 연구결과가 다수 존재한다(이현우 2006; 최선열·김학수 2002; 최준영 2009; Cappella and Jamieson 1997; Hetherington 2005; Hibbing and Theiss-Morse. 1995; Patterson 1993; Robinson 1976). 언론매체가 고위공직 후보자의 윤리적 부적절성과 과거 공직업무의 부적절성에 프라임되어 인사청문회를 지속적으로 보도하는 경우 국민은 한국의 정치엘리트가 부패하였고 능력도 없는 존재라고 인식할 가능성이 매우 높다. 그리고 이러한 인식은 정치인이나 정치적 현안에 대한 평가를 내릴 때 매우 부정적인 평가를 내리도록 유도함으로써 결과적으로 정치적 불신이 높아지는 상황으로 전개될 수 있다.

사실 대부분의 언론매체가 후보자의 윤리적 부적절성과 과거 공직업무의 부적절성에 프라임되어 있다는 점 때문에 이러한 상황은 더욱 암

울하게 느껴진다. 예를 들어 드럭맨(Druckman 2004)은 대안적 프레이밍이나 프라이밍이 존재하는 경우, 즉 여러 언론매체가 서로 다른 프레이밍과 프라이밍을 사용하여 경쟁하고 있는 경우 국민들은 다양한 관점들을 접할 수 있기 때문에 프레이밍과 프라이밍 효과는 떨어진다는 점을 경험적으로 검증한 바 있다. 그러나 인사청문회에 대한 보도내용은 어떤 언론매체든지 한 가지 측면, 즉 후보자에 대한 부정적인 측면에 프라임되어 있다. 후보자가 믿을 수 있고 도덕적으로 문제가 없으며 능력도 있는 존재라는 대안적 프라이밍은 존재하지 않는다는 말이다. 이처럼 대안적 프라이밍이 존재하지 않는 상황에서 국민들의 정치적 신뢰는 더욱 떨어질 수밖에 없을 것으로 판단된다.

물론 오직 언론매체의 보도행태 때문에 정치적 신뢰가 감소한다는 주장은 무리가 있다. 인사청문회에서 후보자에 대한 제대로 된 검증을 수행하는 대신 정파적이고 정략적인 이해관계에 따라 서로 첨예하게 갈등하고 있는 정당과 의원들의 행태에도 많은 문제가 있다. 이들의 그와 같은 행태는 언론매체에게 원색적인 기사거리를 제공하고 있으며, 따라서 이들도 국민의 정치적 신뢰를 감소시킨다는 책임에서 벗어날 수 없다. 그러나 후보자에 대한 부정적인 측면들을 인사청문회에서 제기되었던 것 이상으로 많이 보도하고 있는 언론매체의 보도성향은 지양되어야 할 필요가 있다. 이러한 언론매체의 성향은 인사청문회 과정에서 정파적 이해관계가 충돌하고 있는 현상을 필요 이상으로 증폭시켜 국민들에게 전달하고 있기 때문이다.

그런데 혹시 정파적 인사청문회와 후보자에 대한 부정적 내용에 프라임된 언론매체의 보도행태가 국민들의 정치적 신뢰를 떨어뜨린다는 우리의 주장을 과연 믿어도 되는지 의심하고 있는 독자분들이 있을지도 모르겠다. 왜냐하면 이론적으로 그러할 것이라 추정하는 것과 이에 대한 탄탄한 경험적 근거가 실제로 존재하는가 하는 점은 별도의 문제이기 때문이다. 이에 대한 논의와 분석은 다음 장에서 좀 더 자세히 해보도록 하겠다.

제7장. 인사청문회와 정치적 신뢰: 실험[1]

지금까지 우리는 인사청문회가 여야간 정파적 이해관계에 입각하여 운영되고 있다는 점과 언론의 인사청문회에 대한 보도행태가 후보자의 부정적 측면에 초점이 맞추어져 있다는 점을 살펴보았다. 그리고 이러한 분석을 통하여 정파적 인사청문회와 언론의 부정적 보도행태가 국민들의 정치적 신뢰를 감소시킬 가능성이 있다는 주장도 제시하였다.

그러나 이러한 주장은 어디까지나 이론적 추론에 근거하고 있을 뿐이다. 사실 이론적으로는 정파적 인사청문회와 언론의 부정적 보도행태가 존재한다고 하더라도 국민들의 신뢰가 감소하지 않을 수 있다는 추론도 가능하다. 예를 들어 손병권(2010, 23-24)은 인사청문회가 정파적으로 운영되더라도 궁극적으로 국회가 대통령의 자의적 인사권 행사를 견제

---

1 이 장의 출처는 다음과 같다: 조진만 · 최준영 · 유광종. 2012. "정파적 인사청문회, 언론의 보도행태, 그리고 정치신뢰: 실험연구" 『동서연구』 제24권 4호.

하는 기능을 수행한다는 점, 고위공직 후보자의 자질과 능력에 대한 다양한 검증이 이루어진다는 점, 그리고 이 과정이 공중파를 통하여 실시간으로 방영되어 시민들이 청취할 수 있다는 점 등이 오히려 정치신뢰를 높이는 효과를 이끌 수 있다고 주장한 바 있다. 또한 노리스(Norris 2011, 169-187; Norris 2000)는 언론이 정치에 대한 부정적인 보도를 많이 하더라도 정치에 대한 관심과 신뢰가 높은 소수의 시민들만이 이러한 보도를 접하기 때문에 언론보도가 전체 국민이 지니고 있는 정치적 신뢰 수준에 영향을 미치기는 힘들다는 점을 강조한 바 있다.

이와 같이 정파적 인사청문회와 언론의 부정적 보도행태가 국민들의 정치적 신뢰에 미치는 영향에 대하여 이론적으로 서로 상반된 추론을 이끌어내는 것이 가능하다면, 두 가지 이론적 추론 중 어떤 것이 더 타당한지 살펴봐야 할 필요성이 제기된다. 즉 정파적 인사청문회와 언론의 부정적 보도행태가 국민의 정치적 신뢰에 실제로 어떠한 영향을 미치고 있는지 경험적인 증거를 찾아볼 필요가 있다는 말이다. 이 장은 바로 이러한 경험적 증거를 제시하는 것을 목적으로 한다.

우리는 이 장에서 고건 국무총리 후보자에 대한 인사청문회(이하 고건 인사청문회)를 대상으로 정파적으로 진행되는 인사청문회와 인사청문회의 부정적 측면에 초점을 맞추어 보도하는 언론의 행태가 고건 국무총리 후보자에 대한 신뢰(이하 고건 신뢰도)에 어떠한 영향을 미치는가를 실험연구를 통하여 경험적으로 분석하고자 한다. 우리는 정파적으로 진행된 고건 인사청문회를 보도한 실제 신문기사를 사용하여 실험을 진행하였다. 그리고 실험 이전과 이후에 실험집단의 고건 신뢰도 평균값이 서로 통계적으로 유의미한 차이를 보이는가를 파악하기 위하여 대응표본 t-검정을 수행하였다. 그런 다음 통제집단과 실험집단간의 차이가 실험결과에 미치는 영향력을 통제하기 위하여, 그리고 다른 독립변수들의 영향력을 통제한 상태에서 실험 여부가 미치는 독립적인 영향력을 파악하기 위하여 여러 통제변수들을 설정한 후 고건 신뢰도에 대한 다중 회귀분석도 추가적으로 실행하였다. 이와 같은 연구는 정파적으로 진행되는 인사청문회와 이와 관련하여 인사청문회의 부정적 측면에 초점을 맞추어 보도하는 언론의 행태가 고위공직 후보자에 대한 신뢰에 어떠한 영향을 미치는가에 대한 경험적 근거를 거의 최초로 제공하고 있다는 점에서 중요한 의미를 가질 수 있다고 판단된다.

7-1 실험의 설계

이 연구는 정파적으로 진행되는 인사청문회와 인사청문회의 부정적 측면에 초점을 맞추어 보도하는 언론의 행태가 정치신뢰에 어떠한 영향을 미치는가를 경험적으로 측정하고 분석하기 위하여 사회과학 연구에서 많이 사용되고 있는 유사실험(Quasi-Experimentation)을 실시하고 있다(Cook and Campbell 1979). 그리고 분석대상으로 고건 인사청문회를 선정하고 있다.

일반적으로 실험연구는 자극을 주는 실험집단과 자극을 주지 않은 통제집단을 임의로 설정한 후 시간적 차이를 두고 사전조사와 사후조사를 진행하는 방식으로 진행된다. 이에 본 연구는 정파적으로 진행된 고건 인사청문회를 보도한 신문기사 두 개를 선택하여 실험을 진행하였다. 이 연구가 진행한 실험의 과정을 좀 더 구체적으로 설명하면 다음과 같다.

먼저 이 연구의 실험은 특강 교과목을 수강하는 인하대학교 대학생 315명을 대상으로 실시하였다. 그리고 실험집단과 통제집단은 좌석 배열을 기준으로 임의로 지정하였다.[2] 사전조사는 임의로 지정된 실험집단과 통제집단을 대상으로 2011년 5월 10일에 실시하였다. 사전조사에서는 고건 신뢰도를 포함하여 통제변수로 활용할 수 있는 항목들에

---

2 구체적으로 전체 315명의 대학생들 중 통제집단에는 155명이, 그리고 실험집단에는 160명의 대학생이 임의적으로 배분되었다.

대한 설문조사가 진행되었다. 그리고 사전조사를 실시한 직후 실험집단에게는 준비된 두 개의 고건 인사청문회 관련 신문기사[3]를 충분한 시간을 두고 읽도록 하였다. 두 개의 고건 인사청문회 보도기사는 고건 국무총리 후보자 본인의 병역 회피 의혹, 공직 재임기간 중 처신 논란, 국정운영에 대한 검증 등과 같은 내용들이 대부분을 차지하고 있었다. 그런 다음 4주 후에 두 집단에 같은 내용의 설문지에 대하여 응답하는 방식으로 사후조사를 진행하였다.

한편 이 연구가 수많은 인사청문회들 중 고건 인사청문회를 연구대상으로 선정한 이유는 다음과 같다. 먼저 이 연구의 주제와 관련하여 국무총리 인사청문회를 연구대상으로 선정하는 것이 적실성이 높다고 판단하였다. 국무총리직은 임명직 중에서 가장 높은 공직이라는 특징을 갖는다. 그러므로 국무총리 인사청문회는 여타 인사청문회와 비교하여 정치적인 성격이 강할 수 있고, 언론과 시민들도 상대적으로 많은 관심을 가질 수 있다. 이러한 이유로 여타 인사청문회와 비교하여 국무총리 인사청문회를 연구대상으로 선정하는 것이 유용하다고 판단하였다.

다음으로 이명박 정부 시기에 진행된 국무총리 인사청문회는 시기적으로 너무 가까워 피실험자들이 국무총리 후보자들에 대하여 잘 알고 있을 가능성이 높다고 판단하였다. 따라서 국무총리에 대한 기존의 정보나 선입견이 실험결과에 영향을 미칠 수 있는 여지가 상대적으로 적은 노무현 정부 시기에 진행된 국무총리 인사청문회를 연구대상으로 선정하는 것이 보다 높은 적실성을 가질 수 있다고 판단하였다.

---

3 당시 실험집단에 읽힌 기사는 다음과 같다: "고건 인사청문회 쟁점별 녹취록 문답: 영장 10년간 안 나올 수 있나" (경향신문 2003년 2월 21일자); "고건 총리후보 인사청문회: 최우선 입영대상 왜 군대 안 갔나" (조선일보 2003년 2월 21일자).

마지막으로 노무현 정부 시기의 국무총리 후보자들 중 고건 국무총리 후보자를 선정한 이유는 다음과 같은 점들을 고려하였기 때문이다. 첫째, 이해찬 국무총리 후보자의 경우 피실험 대학생들의 대부분이 그가 교육부 장관 재직 시절 중·고등학교에 재학한 특징을 보였다. 그리고 이해찬 후보자가 교육부 장관으로 재직하던 시절 교육정책은 심대한 변화가 일어나 이들 대학생들이 대학 입시에서 많은 혼란을 겪었던 경험이 있었다. 그러므로 피실험 대학생들의 경우 이해찬 후보자에 대하여 상당히 명확한 호불호를 가질 수 있었고, 이것이 실험결과에 영향을 미칠 가능성이 존재하였다. 이러한 이유로 이해찬 국무총리 인사청문회는 분석대상에서 제외되었다.

　둘째, 한명숙 국무총리 후보자의 경우 본 연구의 실험이 진행될 당시 불법 정치자금 수수 혐의로 수사와 재판을 받고 있었다. 뿐만 아니라 2011년 4월 27일 경상남도 김해(乙)에서 진행된 국회의원 보궐선거를 적극적으로 지원함으로써 언론에 지속적으로 노출되고 있었다. 이와 같은 요인들은 실험의 결과에 영향을 미칠 가능성이 상당히 높았다. 따라서 한명숙 국무총리 인사청문회도 분석대상에서 제외시켰다.

　셋째, 노무현 정부 시기 마지막으로 진행된 한덕수 국무총리 인사청문회의 경우 한덕수 국무총리 후보자에 대한 대학생들의 인지도가 너무 낮다는 점이 문제로 제기되었다. 이처럼 한덕수 국무총리 후보자에 대한 인지도가 너무 낮은 경우 사전조사에서 그에 대한 신뢰도를 제대로 측정하기 힘든 상황이 발생하여 실험을 효과적으로 수행하기 어려울 수 있었다. 이러한 이유로 한덕수 국무총리 인사청문회도 분석대상에서 제외되었다.

7-2 경험적 분석

다음의 〈표 7-1〉은 "전혀 신뢰하지 않음=0점"에서 "절대적으로 신뢰=100점" 사이에서 통제집단과 실험집단이 고건 신뢰도를 평가한 점수가 사전조사와 사후조사간에 어떠한 차이를 보이고 있는가를 파악하기 위하여 대응표본 t-검정을 수행한 결과를 제시한 것이다.

〈표 7-1〉 실험에 따른 고건 국무총리 후보자 신뢰도 변화

분석대상	집단	조사	대응표본 t-검정			
			사례수	평균 (표준편차)	t값	유의확률 (p)
고건 신뢰도	통제집단	사전조사	107	45.64 (19.605)	-1.608	.111
		사후조사	107	48.71 (20.728)		
	실험집단	사전조사	92	43.49 (21.366)	1.773	.079
		사후조사	92	40.58 (18.904)		

이 표에는 나타나 있지는 않지만 일단 사전조사 시 통제집단과 실험집단 사이에 고건 신뢰도와 관련하여 유의미한 차이가 있는가를 파악할

필요가 있다.[4] 이에 우리는 사전조사 시 통제집단과 실험집단의 고건 신뢰도 차이를 독립표본 t-검정을 수행하여 파악해보았다. 그 결과 사전조사 시 통제집단의 고건 신뢰도 평균값은 45.64점이었고, 실험집단의 고건 신뢰도 평균값은 43.49점으로 나타났다. 그리고 이와 같은 통제집단과 실험집단간의 평균값 차이는 통계적으로 유의미하지 않은 것으로 나타났다(t값=-.739, p=.461). 즉 두 집단은 고건 신뢰도의 측면에서 서로 유의미한 차이를 보이고 있지 않았다.

그렇다면 고건 국무총리 후보자에 대한 부정적인 신문기사를 읽지 않은 통제집단과 읽은 실험집단의 경우 사전조사와 사후조사의 고건 신뢰도에 어떠한 변화의 양상을 보였을까? 먼저 통제집단의 경우 고건 신뢰도 평균값은 사전조사에서 45.64점으로, 그리고 사후조사에서 48.71점으로 나타났다. 통제집단의 경우 별 다른 자극이 없었지만 사전조사 때보다 사후조사 때 고건 신뢰도가 높은 특징을 보였다. 하지만 대응표본 t-검정 결과, 이와 같은 통제집단의 사전조사와 사후조사 고건 신뢰도 평균값 차이는 통계적으로 유의미하지 않은 것으로 나타났다(p=0.111). 다시 말해 통제집단의 경우 고건 신뢰도에 별다른 변화가 발생하지 않았다.

한편 실험집단의 경우 고건 신뢰도 평균값은 사전조사에서 43.49점으로, 그리고 사후조사에서 40.58점으로 나타났다. 즉 실험집단의 경우 실

---

4 이렇게 하는 이유는 실험자극을 가한 이후 나타나는 결과가 실험의 자극 때문이 아니라 원래 통제집단과 실험집단이 지니고 있는 차이에서 기인할 가능성이 있는지 여부를 확인하기 위함이다. 통제집단과 실험집단이 실험을 수행하기 이전부터 서로 다른 특성을 보인다면 실험 후에 나타나는 두 집단 간의 차이가 실험 자극의 결과 때문인지 아니면 원래 두 집단이 지니고 있었던 차이 때문인지 구분하기 어려워진다는 문제가 있다.

험 자극으로 인하여 사전조사 때보다 사후조사 때의 고건 신뢰도가 약 3점 정도 떨어지는 특징을 보였다. 그리고 대응표본 t-검정 결과, 이와 같은 실험집단의 사전조사와 사후조사 고건 신뢰도 평균값 차이는 90% 신뢰 수준에서 통계적으로 유의미한 것으로 나타났다. 이러한 사실은 고건 인사청문회에 대한 신문기사를 보는 경우 고건 후보자에 대한 신뢰가 실제로 감소하고 있다는 점을 보여준다.

그러나 이와 같은 t-검정의 결과는 통제집단과 실험집단 간에 원래부터 존재하였던 차이가 실험결과에 미치는 영향력을 완전하게 통제하지 못한 상태에서 도출된 결과라는 비판이 있을 수 있다. 특히 이러한 비판은 이 실험이 엄격한 무작위 추출과정을 통하여 이루어지지 않았다는 점을 고려할 때 더욱 심각한 의미를 지닐 수 있다. 통제집단과 실험집단이 지니고 있을지 모르는 차이를 통제한 상태에서 실험 여부가 미치는 독립적인 영향력을 파악하기 위해서는 여러 통제변수들을 설정한 후 다중 회귀분석을 수행할 필요가 있다. 이에 우리는 아래와 같은 연구모델을 설정하여 실험 여부가 고건 신뢰도에 어떠한 영향을 미치고 있는가를 좀 더 면밀하게 분석해보고자 한다.

$$V1 \sim 2 = \alpha + \beta1^*\text{학년} + \beta2^*\text{월소득} + \beta3^*\text{이념} + \beta4^*\text{신문 신뢰}$$
$$+ \beta5^*\text{사전(사후) 정치신뢰도} + \beta6^*\text{통제-실험} + \varepsilon$$

이 연구모델에서 종속변수 V1은 사전조사에서의 고건 신뢰도이고, V2는 사후조사에서의 고건 신뢰도이다. 구체적으로 이 종속변수들은 고건 신뢰도를 "전혀 신뢰하지 않음=0점"에서 "절대적으로 신뢰=100점" 사이에서 평가한 점수를 활용하고 있다.

독립변수의 경우 학년은 "1학년=1, 2학년=2, 3학년=3, 4학년=4"로 코딩하였다. 월소득은 부모님의 월소득이 얼마나 되는가를 기준으로 "100만원 미만=1, 100~199만원=2, 200~299만원=3, 300~399만원=4, 400~499만원=5, 500만원 이상=6"으로 코딩하였다. 이념은 "매우 진보 =0점"에서 "매우 보수=10점" 사이에서 자기이념성향을 선택한 수치로 코딩하였다. 신문 신뢰는 언론 보도와 관련하여 그 내용뿐만 아니라 신문에 대한 신뢰 수준이 실험 결과에 영향을 미칠 수 있다는 관점에서 통제변수로 설정하였다. 구체적으로 신문 신뢰는 "신문에 보도되고 있는 내용들을 신뢰할 수 있다"라는 주장에 대하여 "항상 그렇지 않다=1, 그렇지 않은 편이다=2, 보통이다=3, 그런 편이다=4, 항상 그렇다=5"로 코딩하였다. 사전(사후) 정치신뢰도의 경우 대통령, 국회, 고위 관료에 대한 신뢰도가 실험 결과에 영향을 미칠 수도 있다는 관점에서 통제변수로 설정하였다. 구체적으로 사전(사후) 정치신뢰도의 경우 대통령, 국회, 고위 관료 각각에 대하여 얼마나 신뢰하는가를 "전혀 신뢰하지 않음=0 점"에서 "절대적으로 신뢰함=100점" 사이에서 평가한 수치들을 더하여 3으로 나눈 값으로 조작화하였다. 그리고 사전조사 모델에서는 사전조사 당시 조사한 정치신뢰도를 사용하였고, 사후조사 모델에서는 사후조사 당시 조사한 정치신뢰도를 사용하였다. 마지막으로 본 연구의 핵심변수인 통제-실험의 경우 "통제집단=0"으로, 그리고 "실험집단=1"로 코딩하였다.

다음의 〈표 7-2〉는 앞서 제시한 연구모델을 토대로 고건 신뢰도 결정요인에 대한 다중 회귀분석을 수행한 결과를 나타낸 것이다.[5] 먼저 분산

---

5 본 연구에서 다중 회귀분석은 종속변수와 모든 독립변수들을 동시에 투입하는 입력방식(Enter)

분석의 결과인 F값의 통계적 유의미성(p=.000)을 고려할 때 본 연구에서 설정한 독립변수들이 고건 신뢰도의 차이를 설명하는데 있어 적실성을 가질 수 있는 것으로 나타났다.

〈표 7-2〉 언론 보도내용과 고건 국무총리 후보자 신뢰도 실험에 대한 다중 회귀분석 결과

분석모델 / 독립변수	사전조사		사후조사	
	비표준화 회귀계수(B) (표준오차)	표준화 회귀계수(β)	비표준화 회귀계수(B) (표준오차)	표준화 회귀계수(β)
상수	16.348*** (5.504)		12.262* (6.277)	
학년	.208 (.863)	.011	.210 (.974)	.011
월소득	.811 (.637)	.057	.699 (.736)	.048
이념	-.889* (.513)	-.077	-.492 (.606)	-.041
신문 신뢰	.235 (1.140)	.206	.649 (1.284)	.025
사전(사후) 정치신뢰도	.756*** (.052)	.666	.806*** (.058)	.698
통제-실험	-1.560 (1.733)	-.039	-8.412*** (1.997)	-.206
F값	39.275 (p=.000)		12.620 (p=.000)	
결정계수(R²)	.440		.540	
사례수	307		199	

*: p<0.1, **: p<0.05, ***: p<0.01

을 사용하였다. 다중 회귀분석을 수행함에 있어 공차한계(Tolerance)의 값이 0.3 이하인 독립변수가 존재하지 않았고, 상태지수(Condition Index)의 값도 모든 독립변수들이 15보다 작게 나와 다중 공선성(multicollinearity)의 문제를 일으키는 독립변수들은 존재하지 않는 것으로 나타났다.

다중 회귀분석 결과, 실험 여부는 고건 신뢰도에 통계적으로 유의미한 영향을 미치는 것으로 나타났다. 구체적으로 실험이 진행되지 않은 사전조사에서 고건 신뢰도는 통제집단과 실험집단간에 통계적으로 유의미한 차이를 보이지 않았다. 하지만 실험이 진행된 이후의 사후조사에서 고건 신뢰도는 통제집단과 실험집단간에 통계적으로 유의미한 차이를 보였다. 즉 다른 독립변수들의 영향력을 통제하였을 때 통제집단과 비교하여 실험집단의 경우 고건 신뢰도가 8.412점 낮은 특징을 보였다. 그리고 이것은 99% 신뢰 수준에서 통계적으로 유의미한 것으로 나타났다.[6]

이와 같은 연구결과는 인사청문회의 정파적 운영과 고위공직 후보자의 부정적 측면에 초점을 맞추어 보도하는 언론의 행태가 고위공직 후보자의 신뢰도에 중요한 영향을 미칠 수 있다는 점을 경험적으로 보여주고 있다. 다시 말해 이것은 인사청문회가 여야간 대립에 입각하여 정파적으로 진행될 경우, 그리고 언론이 인사청문회와 관련하여 후보자의 부정적 측면들을 강조할 경우 고위공직 후보자에 대한 국민들의 신뢰도가 심각하게 추락할 수 있다는 점을 의미한다.

---

6 이밖에 고건 신뢰도에 통계적으로 유의미한 영향을 미친 통제변수들로는 이념과 사전(사후) 정치신뢰도가 존재하였다. 이념의 경우 사전조사에서만 진보적일수록 고건 신뢰도가 높은 특징을 보였다. 이것은 진보적인 노무현 정권 하에서 고건 인사청문회가 실시됨에 따라 나타난 결과라고 볼 수 있다. 그리고 사전조사와 사후조사 모두에서 대통령, 국회, 고위 관료에 대한 신뢰도가 높을수록 고건 신뢰도가 높은 특징을 보였다. 이것은 본 연구의 주제에 대한 면밀한 검증을 위해서는 정치신뢰도에 대한 통제가 중요하다는 점을 보여준다. 또한 신문 신뢰는 사전조사와 사후조사 모두에서 고건 신뢰도에 통계적으로 유의미한 영향을 미치지 못하는 것으로 나타났는데 이것은 신문에 대한 신뢰 자체보다는 보도내용에 대한 시민들의 인식과 평가가 정치신뢰에 있어 더욱 중요한 영향을 미친다는 점을 시사한다.

7-3 소결

이 장에서는 고건 인사청문회를 대상으로 정파적으로 진행되는 인사청문회와 인사청문회의 부정적 측면에 초점을 맞추어 보도하는 언론의 행태가 고건 신뢰도에 어떠한 영향을 미치는가를 실험연구를 통하여 경험적으로 분석해보았다. 통계분석 결과, 정파적 인사청문회와 이에 대한 언론의 부정적인 보도는 고위공직 후보자에 대한 신뢰도에 매우 부정적인 영향을 미친다는 점을 확인할 수 있었다.

이 연구의 결과를 좁게 해석하여 오직 인사청문회에 대한 언론의 부정적 보도행태 때문에 고위공직 후보자에 대한 정치신뢰가 감소한다고 주장하는 것은 무리가 있다. 왜냐하면 한국 인사청문회의 기본적인 문제는 정파적 내지 정략적인 차원에서 인사청문회를 활용하고자 하는 정당과 의원들의 행태에서 비롯되는 측면이 더욱 강하기 때문이다. 바로 이러한 요인들이 언론이 인사청문회와 관련하여 원색적이고 부정적인 기사거리를 쓸 수 있는 환경을 제공하고, 언론이 제공한 그 부정적 정보에 기반하여 시민들은 고위공직 후보자를 부정적으로 인식하고 평가하게 되는 것이다.

인사청문과정에서 많은 공격을 받아 심각한 문제점이 노출된 고위공직 후보자가 임명될 경우 관료 조직을 이끌기 위하여 필수적으로 요구되는 지도자의 권위와 리더십은 상실될 수밖에 없다. 그리고 이러한 상황 속에서 고위공직자가 효율적으로 국정 운영을 수행하기도 어려운 것이 현실이다. 뿐만 아니라 이와 같은 상황 속에서 발생하는 다양한 정치·사회적 비용들은 고스란히 우리 모두가 감수해야 하는 상황에 직면하게 된다.

　민주주의는 시민들의 높은 신뢰에 기반하여 운영될 때 이상적으로 작동할 수 있다. 이 때 민주주의를 실질적으로 구성하고 있는 제도들이 제 기능을 수행하지 못하고, 여기에 언론의 부정적인 보도까지 결합하게 되면 시민들의 정치신뢰는 급격하게 떨어지는 결과를 초래할 수 있다. 그리고 이러한 것들이 다양한 차원에서 축척이 된다면 궁극적으로 민주주의를 위협하는 요인으로 작용할 수 있다. 인사청문과정이 만들어내고 있는 이와 같은 부정적 결과들을 놓고 볼 때 인사청문제도는 빠른 시일 안에 개선될 필요가 있다 하겠다. 그렇다면 인사청문제도는 어떻게 개선해야 하는가? 이 문제에 대해서는 다음 장에서 집중적으로 논의된다.

제8장. 나오며: 인사청문제도 어떻게 바꿀 것인가?

우리는 서론에서 한국의 인사청문제도에 관련된 네 가지 질문에 대한 필자들 나름의 답변을 제시하는 것을 이 책의 주된 목적으로 삼는다고 밝힌 바 있다. 우리는 지금까지 세 가지 질문에 대한 답변을 제시하였고, 이제 인사청문제도를 어떻게 개선할 것인가 하는 마지막 질문만을 남겨 놓고 있다. 그러나 인사청문제도의 개선방향에 대한 논의에 앞서, 우리가 지금까지 다루어 왔던 내용을 먼저 간략히 정리해보는 것도 의미가 있을 것이라고 생각한다.

우리가 제기한 첫 번째 질문은 현재 시행되고 있는 인사청문제도가 안고 있는 근본적인 문제점이 무엇인가 하는 점이었다. 우리는 이 질문에 대한 답변을 제시하기 위하여 견제와 균형의 논리에 입각한 인사청문제도의 도입취지가 제대로 지켜지고 있는지 두 가지 측면, 즉 인사청문회의 진행과정과 국회의 임명동의 여부라는 인사청문회의 최종적 결과에 초점을 맞추어 분석을 시도하였다. 분석을 통하여 우리는 견제와 균형의 논리보다는 여야간 정파적 이해관계가 인사청문회의 진행과 결과 모두를 결정짓는 핵심적 요인이 되고 있음을 확인하였다. 결국 현행 인사청문제도가 안고 있는 궁극적 문제는 국회 차원에서 고위공직 후보자에 대한 객관적이고 공정한 검증작업이 이루어지기보다는 국회가 여당과 야당으로 분열하여 치열한 여방야공의 정파적 갈등이 발생하고 있다는 점에 놓여 있다고 할 수 있다.

서론에서 우리가 언급하였던 종갓집 맏며느리와 시어머니의 예를 이 분석결과에 적용하여 본다면, 객관적으로 음식의 맛을 평가해야 하는 시어머니가 지킬 박사와 하이드씨처럼 일종의 자아분열 증상을 보이고 있는 경우라고 할 수 있겠다. 분열된 시어머니의 자아 중 지킬 박사는 맏며느리가 만든 음식을 좋게 평가하고 있는 반면 또 다른 자아인 하이드씨는 똑같은 음식에 대하여 형편이 없다고 비판하고 있는 형국이다. 시어머니의 입에서 이렇게 상반된 평가가 동시에 쏟아져 나오는 경우 음식에 대한 적절한 평가가 이루어지기는 애초에 불가능하다.

우리의 두 번째 질문은 이와 같은 정파적 인사청문회가 어떤 이유 때문에 일어나고 있는가 하는 것이었다. 우리는 인사청문과정에 참여하고 있는 대통령, 야당, 여당의 목적과 이 목적을 달성하기 위한 이들의 합리적 선택에 초점을 맞추어 이 질문에 대한 답변을 제시하였다. 자신의 정치적 • 정책적 비전을 구현하는 것이 가장 중요한 목적이 되는 대통령은 능력보다는 충성심에 더 많은 가중치를 두어 고위공직 후보자를 내정한다. 차기 대권의 획득을 목적으로 하는 야당은 대통령의 정책이 성공적으로 이루어지는 것을 막거나 적어도 지연시키기 위하여 고위공직 후보자에 대한 전 방위적인 공격을 인사청문과정에서 시도한다. 한편 대통령의 정책적 성공이 자신의 궁극적 목적인 정권 재창출과 직결된다는 것을 인식하고 있는 여당은 대통령이 내정한 인물에 대한 야당의 공격을 최대한 방어하기 위하여 많은 노력을 기울인다. 인사청문과정에 참여하는 이러한 행위자들의 합리적 선택이 하나로 모아질 때 여방야공의 정파적 인사청문회라는 아무도 원치 않는 집합적 결과가 발생하게 된다.

세 번째 질문은 이러한 정파적 인사청문회가 어떠한 부정적 결과를 초래하는가 하는 점이었다. 이 질문에 답하기 위하여 우리는 우선 언론매체가 어떻게 인사청문회를 보도하고 있는지 살펴보았다. 왜냐하면 대다수의 국민은 국회에서 진행되고 있는 인사청문회에 대하여 언론매체를 매개로 한 간접적 경험만을 하고 있고, 따라서 언론매체의 보도가 어떻게 이루어지고 있는가 하는 점은 국민들의 의견 형성에 많은 영향을 줄 수 있기 때문이다. 5대 일간지를 대상으로 한 분석결과는 인사청문회에 대한 보도가 후보자의 부정적 측면에 프라임되어 있다는 점을 보여주고 있다. 이러한 언론매체의 보도행태는 국회에서 진행되고 있는 정파적 인사청문회의 부정적 측면이 증폭되어 국민들에게 전달된다는 것을 의미한다. 다시 종갓집 시어머니와 맏며느리의 예로 돌아가자면 동네 여론 형성에 많은 영향을 미치는 면장 아저씨가 시어머니의 하이드씨 쪽 자아가 한 부정적 얘기를 동네방네 퍼뜨리고 다니고 있는 형국이다.

그리고 이러한 정파적 인사청문회와 언론의 부정적 프라임은 고위공직 후보자에 대한 국민들의 정치적 신뢰를 심각하게 떨어뜨리고 있다는 점이 실험결과를 통하여 확인되었다. 국정 운영에 있어서 핵심적 역할을 담당하고 있는 고위공직 후보자에 대한 국민들의 신뢰가 인사청문과정을 거치면서 올라가는 것이 아니라 오히려 떨어지고 있는 것이다. 이는 누가 정권을 획득하건 효과적이고 효율적인 거버넌스를 창출하기 어렵게 만든다는 측면에서 국가적으로 매우 부정적인 함의를 지니고 있다.

이와 같은 인사청문제도의 문제점과 이 문제점이 유발하고 있는 부정적 결과를 놓고 볼 때, 아마도 가장 먼저 떠오르는 생각은 인사청문제도를 계속 유지할 필요가 있는가 하는 의문일 것이다. 지난 2011년, 정치과정 전문가들로 구성된 한국정당학회 회원들을 대상으로 인사청문제도에 대한 설문조사를 실시한 적이 있다. 이 때 인사청문제도가 도입취지에 맞게 운영되고 있는지에 대하여 설문한 결과가 〈표 8-1〉에 제시되어 있다.

〈표 8-1〉 인사청문제도가 도입취지에 맞게 운영되고 있는가?

구분	빈도	비율(%)
매우 그렇다	2	1.8
그렇다	32	28.3
그렇지 않다	58	51.3
매우 그렇지 않다	21	18.6
합계	113	100.0

출처: 가상준 • 최준영 (2011, 64).

〈표 8-1〉에 따르면 전체 응답자의 약 70%가 인사청문제도가 도입취지에 부합하지 못하는 방향으로 운영되고 있다고 대답하였다. 이처럼 대다수의 전문가들도 인사청문제도가 제대로 운영되지 못하고 많은 문제점들을 양산하고 있다는 점에 동의하고 있다. 그렇다면 이렇게 많은 문제점들을 유발시키고 있는 인사청문제도를 폐지하는 것이 오히려 한국 정치의 발전에 도움이 되지 않겠는가? 이 점에 대한 우리의 입장은 그럼에도 불구하고 인사청문제도는 유지되어야 한다는 것이다.

우리가 이렇게 생각하는 이유는 두 가지 차원으로 구분해볼 수 있다. 우선 인사청문제도가 폐지된다고 해도 고위공직 임명 결정에 있어서 여야간 정파적 갈등이나 고위공직자에 대한 국민들의 불신과 같은 문제들이 사라지지 않을 가능성이 높다는 점을 들 수 있다. 아니 오히려 이 경우 상황이 더욱 악화될 가능성도 존재한다. 또 다른 하나는 인사청문제도의 폐지와 함께 이 제도의 도입 덕택에 고위공직 임명과정에서 미약하나마 존재해왔던 긍정적 측면도 사라지게 된다는 점이다. 이와 같은 두 가지 차원을 좀 더 자세히 부연 설명하면 다음과 같은 여섯 가지 이유로 정리해볼 수 있다.

첫째, 인사청문제도를 폐지한다고 해서 고위공직 임명을 둘러싼 여야간 정파적 갈등이 사라질 가능성은 없다. 제5장에서 논의한 바대로 여당과 야당은 차기 대권을 획득하기 위한 방편으로 인사청문과정을 활용하고 있다. 이들의 목적은 인사청문제도가 사라진다고 해서 바뀌는 것이 아니다. 따라서 인사청문제도를 폐지한다 하더라도 대통령의 고위공직자 임명 결정에 대하여 여당은 정당화하고, 야당은 비판하는 행태는 여전히 남아 있을 수밖에 없다. 다만 국회 인사청문회라는 지정된 장소가 아니라 기존의 언론매체, 소셜네트워크서비스(SNS), 인터넷 등 다양한 소통 경로들을 통하여 그러한 정파적 갈등이 전개된다는 차이만이 있을 뿐이다.

둘째, 인사청문제도를 폐지하는 경우 고위공직 임명과정에 있어서 언론매체의 영향력이 커질 가능성이 있다. 언론매체는 민주적 절차를 통하여 국민이 합법적으로 권리를 양도한 조직이 아니다. 따라서 언론매체의 근본적인 속성은 공익보다는 사익을 추구하는 쪽에 가깝다고 할 수 있다. 그러나 국회의 인사청문제도가 사라지게 되는 경우 이러한 언론매체가 대통령이 임명한 고위공직자들에 대한 평가를 실질적으로 담당하는 일이 발생할 수 있다. 실제로도 인사청문제도가 도입되기 이전 고위 공직자 임명과정에 있어서 언론매체가 국민들의 여론 형성에 미친 영향은 매우 컸다. 기본적으로 고위공직자 임명 결정은 공적인 영역에 속하는 사안이다. 이러한 공적인 업무에 사적인 이익을 추구하는 조직이 영향력을 행사하게 되는 경우 공익이 사익에 의하여 편향될 가능성을 배제하지 못한다. 그리고 이러한 상황에서 민주적 원칙들이 손상될 위험성이 존재한다.

셋째, 인사청문제도가 폐지될 경우 고위공직자 임명을 둘러싼 정파적 갈등이 국회라는 제한된 공간을 넘어 사회 전체로 확산될 위험성이 있다. 민주화 이후 한국의 정치지형은 보수와 진보라는 이념적 균열 쪽으로 급격히 이동해가고 있는 추세이다. 이러한 상황에서 정치 현안에 대한 광범위한 국민적 합의가 형성되기는 점차 어렵게 되어가고 있다. 천안함의 사례에서 극명히 나타났듯이 국민이 어떠한 이념적 위치에 놓여 있는가에 따라 특정 정치적 현안에 대한 해석 또는 평가를 정반대로 하는 경우가 자주 일어나고 있는 것이다. 더구나 인터넷이나 소셜네트워크 서비스와 같은 커뮤니케이션 기술의 발달은 다양한 성향의 사람들을 하나의 공동체로 엮어내기보다는 비슷한 성향을 지닌 사람들이 배타적인 공동체를 만들어나가는데 일조하고 있다. 즉 커뮤니케이션 기술의 발달은 비슷한 이념, 가치, 수입, 취향 등을 공유한 사람들이 자기들끼리 정보를 교환하고, 자기들만의 의견을 형성하는 방향으로 사회를 변모시키는 경향이 있다는 것이다.[1]

---

1 이에 대해서는 핀버그와 바니(Feenberg and Barney 2004), 그리고 선스타인(Sunstein 2009)을 참조하시오.

이처럼 이념적 분열의 가속화와 커뮤니케이션 기술의 발달은 비슷한 가치를 공유한 사람들의 결속을 강화시키는 동시에 다른 가치를 지니고 있는 사람들에 대한 불신을 고조시키고 있다. 즉 한국 사회에서 동질적인 세력이 결집하여 이질적인 세력과 갈등하는 일종의 거대한 분류(the Big Sort) 현상이 나타나고 있는 것이다(Bishop 2008). 이러한 사회적 흐름을 염두에 두었을 때 인사청문제도의 폐지는 한국 사회 전체가 대통령의 고위공직 임명을 놓고 분열하여 갈등할 가능성을 높일 수 있다. 고위공직 임명을 둘러싸고 사회 전체에서 벌어질지도 모르는 갈등의 범위와 강도, 그리고 그에 따르는 사회적 혼란을 감안한다면 차라리 국회 인사청문회장이라는 제한된 공간에서 여당과 야당이 대리전을 치르게 하는 것이 낫다고 판단된다.

넷째, 인사청문제도를 폐지한다고 해서 국민들의 고위공직자에 대한 불신이 감소할 가능성도 없어 보인다. 우리는 현행 인사청문제도가 고위공직자에 대한 국민적 불신을 조장하고 있다고 밝힌 바 있다. 그러나 이러한 인사청문제도가 사라진다고 해도 대통령의 고위공직 임명 결정을 둘러싼 여야간 정파적 갈등은 계속 유지될 가능성이 높다. 그리고 이러한 정파적 갈등은 지속적으로 국민들의 고위공직자에 대한 불신을 야기할 수 있다. 또한 인사청문제도의 폐지는 고위공직자의 과거 행적에 대한 정보가 국민들로부터 일정 부분 차단된다는 것을 의미하는데, 이처럼 정보가 차단되는 경우 고위공직자에 대한 불필요한 의혹을 불러일으킬 수 있다는 점도 지적될 필요가 있다. 이러한 의혹이 존재하는 경우 국민들이 고위공직자를 신뢰하기는 더 어려워질 수 있다.

다섯째, 인사청문제도를 유지함으로써 고위공직을 꿈꾸는 사람들의 사회적 처신을 올바른 방향으로 유도할 수 있다. 현재 진행되고 있는 인사청문회는 야당에 의하여 후보자에 대한 철저한 비판과 공격이 이루어지고 있다. 심지어 명확한 물적 증거도 없이 후보자에 대한 의혹을 제기하는 경우도 존재한다. 물론 야당의 이와 같은 행위는 정파적 목적에 기인하고 있다. 따라서 이를 마냥 긍정적으로 평가하기는 어려운 상황이다. 그러나 중요한 것은 야당의 목적이야 어찌되었건 고위공직 후보자가 과거에 아무리 사소한 것이라도 논란의 소지가 될 만한 일에 연루되었다는 사실 또는 정황은 인사청문회에서 야당의 가차 없는 공격을 불러일으킬 수 있다는 사실이다. 인사청문회에서는 사생활 침해라는 논란이 일어날 정도로 후보자의 과거 행적에 대한 집요한 추적이 이루어지고 있다. 이는 미래에 고위공직자가 되고자 하는 인물이 평소에 청렴한 삶을 살아가도록 억제한다는 점에서 긍정적인 의미를 지니고 있다.

여섯째, 인사청문제도의 폐지는 대통령의 자의적이고 독단적인 임명권을 제어할 수 있는 공식적인 마지노선이 사라진다는 것을 의미한다. 서론에서 이미 언급하였듯이 대통령이 자의적이고 독단적으로 고위공직자를 임명하는 것이 지니고 있는 폐단은 인사청문제도가 도입되기 이전의 정권에서 여러 차례 목격된 바 있다. 물론 현행 인사청문제도는 대통령의 임명 결정에 대한 여당의 지지와 야당의 반대를 근간으로 하는 정파적 이해관계가 주를 이루고 있기 때문에, 국회 차원에서 대통령의 임명권에 대한 견제가 제대로 이루어지고 있지 못하다는 점은 충분히 인정된다. 그러나 이러한 문제점에도 불구하고 인사청문제도는 대통령의 고위공직자에 대한 임명이 청와대 내의 밀실이 아니라 국회라는 공개된 공간에서 이루어지도록 만든다는 장점을 가지고 있다. 공개된 공간에서 자신의 인사 결정이 검증된다는 사실은 대통령에게 보다 나은 인물을 임명하도록 압박하는 효과를 이끌어낼 수 있다. 현행 인사청문제도

하에서 이러한 대통령에 대한 압박효과가 얼마나 큰지에 대해서는 의문이 제기될 수 있다. 그러나 한 가지 분명한 점은 인사청문제도를 폐지하여 대통령의 인사 결정이 다시 비공개적인 공간으로 이동하는 경우 대통령에 대한 그와 같은 압박효과는 심각하게 감소할 수밖에 없다는 사실이다.

결론적으로 인사청문제도를 폐지한다고 해서 현행 인사청문제도의 가장 큰 문제인 여야간 정파적 갈등이나 고위공직자에 대한 국민들의 정치적 신뢰 저하와 같은 문제가 사라지는 것은 아니라고 할 수 있다. 오히려 고위공직 임명 결정을 둘러싸고 국회 내에서 벌어지던 갈등이 사회 전체로 확산되거나 민주적 정당성이 없는 사적 기관(언론매체)의 영향력이 커지는 것처럼 상황이 더욱 악화될 가능성도 존재한다. 그리고 그나마 인사청문제도가 지니고 있는 긍정적 효과도 모두 사라지게 된다. 따라서 우리는 인사청문제도는 유지시킬 필요가 있다고 생각한다. 그러나 이 책을 통해서 살펴본 것처럼 현행 인사청문제도는 많은 문제점이 존재하는 것 또한 사실이다. 그러므로 현행 인사청문제도를 그대로 유지시킬 수는 없다. 그렇다면 어떻게 인사청문제도를 개선시킬 수 있겠는가?

많은 정치학자들은 인사청문회의 절차상의 문제를 보완할 수 있는 제도적 개선이 시급하다고 입을 모으고 있다(강원택 2011; 전진영 외 2009). 예를 들어 현행 인사청문제도는 대통령에 의하여 임명동의안이 국회에 제출된 이후 20일 안에 인사청문과정을 끝내야 한다고 규정하고 있다. 20일은 제대로 된 인사청문회를 진행하기에는 너무나 짧은 기간이다. 따라서 이 기간을 늘려야 할 필요가 있다는 주장이 제기되고 있다. 또 고위공직 후보자가 국회가 요구한 자료를 제출하지 않는 경우나

증인이 인사청문회에 출석하지 않는 경우가 자주 발생하고 있는데, 이에 대한 처벌 규정을 제도적으로 강화시켜 문제를 개선하자는 주장도 제기되고 있다.

한편 상아탑 안의 정치학자들만이 인사청문제도의 절차상 문제를 개선해야 한다고 주장하고 있는 것이 아니다. 인사청문회를 진행하는 주체인 의원들도 이에 대하여 많은 관심을 표명하여 왔다. 그리고 이들의 적극적 관심은 〈표 8-2〉에 나타나 있는 것처럼 다양한 인사청문회법 개정안의 발의로 이어졌다.

우리는 이러한 인사청문회법 개정안이 국회를 통과하는 경우 절차적인 측면에서 여러 가지 문제들이 개선될 수 있다고 믿는다. 그렇지만 우리는 이처럼 절차에 초점을 맞춘 제도 개혁만으로 인사청문제도의 근본적 문제, 즉 정파적 인사청문회가 사라질 것이라고 생각하지는 않는다. 여당과 야당에게 있어서 절차상의 변화는 단지 자신들이 인사청문회에서 정파적 목적으로 활용할 수 있는 도구가 바뀌게 된다는 것을 의미할 뿐이다. 더구나 〈표 8-2〉를 자세히 살펴보면 청문대상자의 확대나 후보자에 대한 첨부서류 추가와 같은 경우처럼 인사청문과정에 있어서 국회의 권한을 강화하는 쪽으로 개선안의 주요 내용이 설정되어 있다는 점을 발견할 수 있다. 이는 다시 말해 여당과 야당이 인사청문회에서 사용할 수 있는 제도적 수단의 파괴력이 더욱 강력해진다는 것을 의미한다. 인사청문회에서 서로 치열하게 싸울 뿐 타협하거나 협력할 생각은 전혀 없는 여당과 야당에게 더 강력한 제도적 수단이 주어졌다고 상상해보라.

여방야공의 정파적 인사청문회가 사라질 것 같은가? 우리는 그 정도가 심해지면 심해졌지 결코 줄어들지는 않을 것이라고 생각한다. 국회 인사청문회의 절차상 문제를 개선하는 것만 가지고 인사청문과정

〈표 8-2〉 인사청문회법 개정안 주요 내용

구분	주요 개정 내용
자료 제출 강화	위원 개인의 자료 제출 요구권 신설
	개인 사생활 등 비공개 사유에 해당하는 경우에도 청문위원은 위원장에게 요청하여 비공개 자료 열람 가능
증인 출석 강화	출석 회피 방지를 위한 출국 금지 요청제도 신설
	증인에 대한 동행명령 제도 신설
증거 조사 강화	증거조사 요건 위원회 의결→ 재적위원 4분의 1 이상 요구로도 조사할 수 있도록 완화
허위진술 제재	공직후보자의 허위 진술에 대한 처벌 규정 신설
심사기간 연장	현행법상 심사기간(국회 제출된 날부터 20일, 위원회 회부 후 15일, 인사청문회 기간 3일 이내) 연장
예비심사 도입	공직후보자의 재산 형성과정, 범죄 경력 등에 대한 서면 예비심사를 실시 · 공표
첨부서류 추가	현행법상 직업 · 병역 등에 관한 사항 외에도 정부 · 공공기관 재직자의 경우 인사 · 성과 평가에 관한 사항 등을 추가로 제출하도록 함
임명동의안 등 철회	공직후보자에게 '조세범 처벌법'의 조세 포탈, '주민등록법'의 이중신고 · 거짓신고 등 중대한 흠결이 발견된 경우 철회 가능
청문대상자 확대	현행법상 인사청문대상자 57인 외에도 한국은행 총재 등을 인사청문대상자로 추가

출처: 최민수 (2011, 72-73).

의 근본적 문제를 해결하는 것은 한계가 있어 보인다.

결국 인사청문제도를 개선하기 위해서는 문제의 근원인 여야간 정파적 갈등을 소멸시킬 필요가 있다. 그렇다면 어떻게 인사청문과정에 나타나고 있는 여야간 정파적 갈등을 사라지게 만들 수 있는가? 두 가지 가능성을 타진해볼 수 있다. 먼저 인사청문회에 임하는 여당과 야당 모두 자신들이 일회성 게임이 아니라 반복적 게임을 하고 있다는 지극히 간단한 사실을 깨닫는 경우 정파적 갈등이 줄어들 여지가 있다(강원택 2005; 2011). 인사청문회를 한 번만 하고 끝낼 것이라면 여당과 야당이 협력할 유인은 전혀 없다. 미래에 이 문제를 가지고 여당과 야당이 다시 조우할 일이 없다면 단 한 번의 기회에 최대의 이익을 얻고자 여야 모두 노력할 것이기 때문이다.[2]

그러나 인사청문회를 앞으로도 반복적으로 해야 한다면 여당과 야당은 미래를 고려하여 현재의 행위를 선택해야 할 필요성이 발생한다. 예를 들어 A라는 야당은 앞으로 자신이 여당이 되었을 때 여당에서 야당으로 바뀐 B정당과 함께 인사청문회를 진행해야 한다는 사실을 인식하고 있다고 가정해보자. 자신이 현재 B정당의 대통령이 내정한 후보자를 정

---

2 여러분이 A기업을 운영하는 사장님이라고 가정해보자. 그리고 여러분이 운영하고 있는 사업의 속성상 싫든 좋든 평생 만나야 하는 B기업의 사장, 그리고 한 번 보고 더 이상 볼 일이 없는 C기업의 사장과 각각 사업을 추진하려 한다고 가정해보자. 누구와 더 열심히 협력하겠는가? 당연히 B기업의 사장일 것이다. 만약 여러분이 이번 사업에서 B기업에게 손해를 미치는 일을 하였다면 다음 사업에서 반드시 B기업의 보복을 감수해야 한다. 또한 아예 여러분과 사업적 관계를 끊는 것처럼 B기업의 보복이 여러분의 사업을 위협하는 수준까지 갈 위험성도 존재한다. 이러한 미래에 발생할 B기업의 보복을 고려한다면 여러분은 이번 사업에서 이윤이 좀 적게 나더라도 B기업과 적절한 협력관계를 유지하는 것이 더 합리적이다. 왜냐하면 장기적으로 볼 때 더 많은 이익을 볼 수 있기 때문이다. 그러나 한 차례의 사업을 진행한 이후 더 이상 볼 일이 없는, 따라서 미래에 보복을 당할 일도 없는 C기업에 대해서는 이 사업을 통하여 어떻게 하던 무조건 최대의 이익을 올리려고 노력하는 것이 여러분에게는 최선의 선택이 될 것이다.

파적 이해관계에 입각하여 인정사정없이 공격한다면 앞으로 야당이 된 B정당이 A정당 소속의 대통령이 내정한 후보자를 마찬가지로 공격할 것이라 예측할 수 있지 않겠는가? 따라서 A정당은 싫든 좋든 앞으로도 B정당과 함께 인사청문회를 진행해야 하기 때문에 정파적 이해관계를 내세워 단기적 이익을 챙기는 것보다는 후보자에 대하여 공정하고 객관적으로 검증하는 모습을 보임으로써 미래에 B정당의 협조를 얻는 것이 장기적으로 보다 많은 이득을 얻을 수 있다고 판단할 수 있다. A정당이 이러한 협력적 자세를 보일 경우 B정당도 나중에 이에 대하여 화답할 것이고, 이러한 두 정당의 협력적 행위는 결국 정파적 이해관계가 인사청문회에서 사라지게 만드는 역할을 할 수 있다.

우리는 현 시점에서 인사청문회에 임하고 있는 여야 정당 모두 자신들이 일회성 게임이 아니라 반복적 게임을 하고 있다는 사실을 인식하고 있다고 믿는다. 그러나 이러한 인식이 실질적인 여야간 협력으로 이어지기 위해서는 한 가지 우선적으로 해결되어야 할 일이 있다. 바로 누군가가 먼저 협력적 자세를 보여야만 한다는 점이다. 이러한 일이 가능할까? 우리는 이러한 가능성이 실제로 현실화되기는 어렵다고 생각한다. 그 이유는 두 가지이다.

우선 한국의 정당체제가 극히 유동적이라는 문제가 있다. 인사청문회를 하면서 A정당이 B정당과 협력하기 위해서는 B정당이 앞으로도 계속 존재할 것이라는 전제가 필요하다. 그러나 주지하다시피 한국의 정당은 선거철만 되면 이합집산을 하여 새로운 정당으로 재탄생하거나 대통령의 정계 개편 작업을 통하여 기존의 정당이 사라지고 새로운 정당이 나타나는 현상이 자주 일어나고 있다. A정당이 대국적 차원에서 B정당에 협력하는 모습을 보였는데, 선거가 끝나고 나서 B정당이 사라지고 C라는 다른 정당과 인사청문회에서 마주치게 된다면, 그리고 C정당은 A정당으로부터 도움을 받은 적이 전혀 없는 것처럼 행동한다면 A정당으로서는 심각한 손해를 입게 된다. 이러한 한국의 유동적 정당체제를 고려할 때 한국의 정당들은 서로 함께할 미래가 그리 길지 않다고 판단할 수 있다. 이런 상황에서 상대방에게 협력의 손길을 먼저 내미는 것은 쉽지 않은 일이다.

둘째, 민주화 이후 한국의 정당정치는 정파적 갈등과 권력 획득을 중심으로 한 경로에 고착되어 있다는 점을 들 수 있다. 민주화 선언 이후 1988년 제13대 총선을 통하여 등장한 여소야대 정국은 한국 정당정치의 경로가 여야간 대화와 타협을 통한 정당정치로 발전해나갈 수 있는 기회를 열었다. 그러나 1990년 3당 합당을 통하여 이러한 대화와 타협의 정당정치 경로는 정파적 갈등과 권력 획득 중심의 정당정치 경로로 완전히 대체되어 지금에 이르고 있다.[3] 이런 상황에서 상대의 승리는 곧 나의 패배로 인식되는 제로섬적 논리가 정당정치를 지배하게 되었으며, 따라서 한국에서 여야가 서로 협력하기는 극히 어려운 정치적 환경이 형성되어 버렸다.

결국 유동적인 한국의 정당체제, 그리고 민주화 이후 정파적 갈등과 권력 획득에 경로의존적으로 편향되어 버린 한국 정당정치의 특성 등 두 가지 요소는 여야 정당 모두 자신이 반복적 인사청문회 게임에 임하고 있다는 사실을 인지하고 있음에도 불구하고 실질적인 협력을 시도하기 어렵게 만드는 요인으로 작용하고 있다. 따라서 인사청문회가 반복적 게임이라는 점을 여야 모두 충분히 공감하는 것을 통하여 정파적 인사

---

3 이에 대한 보다 자세한 논의는 최준영(2012a)을 참조하시오.

청문회를 완화시킬 수 있다는 주장은 실현 가능성이 그리 높아 보이지는 않는다.

한편 인사청문과정에 나타나고 있는 여야간 정파적 갈등을 없앨 수 있는 또 다른 방법으로 의원의 자율성을 신장시키는 방법을 고려해볼 수 있다. 의원의 자율성을 신장시킨다는 것은 정당의 속박으로부터 의원을 일정 부분 해방시킨다는 것을 의미한다. 현재 한국의 국회는 정당의 기율이 지나치게 강하여 의원의 자율성이 매우 낮은 특징을 보이고 있다(가상준 2007; 강원택 2008; 이현우 2005; 전진영 2006a). 이런 현실 속에서 의원들은 자신이 개인적으로 지니고 있는 가치나 선호가 아니라 자신이 소속되어 있는 정당의 목적, 즉 차기 정권의 획득이라는 목적에 따라 인사청문회에 임할 수밖에 없다. 그리고 이처럼 의원 개개인이 지니고 있는 다양한 가치와 선호가 정권 획득이라는 단일한 목적으로 수렴되어 버리면서 인사청문회는 치열한 정파적 갈등의 공간으로 자연스럽게 귀결되고 있다. 따라서 정파적 인사청문회를 피하고자 한다면 의원들의 다양한 관점이 인사청문회에서 공명할 수 있도록 정당의 영향력을 최대한 줄여 의원들의 자율성을 신장시킬 필요가 있다.

그렇다면 어떻게 의원의 자율성을 신장시킬 수 있을까? 가장 효과적인 방법은 공천방식을 하향식에서 상향식으로 바꾸는 것이다. 공천권을 정당의 지도자들이 쥐고 있는 경우, 즉 하향식 공천방식을 채택하고 있는 경우 의원들은 어쩔 수 없이 정당 노선을 따라야 할 필요가 있다. 그렇게 하지 않는다면 다음 총선에서 정당의 공천을 받기 힘들어지기 때문이다. 그러나 예비선거와 같은 상향식 공천방식이 도입되게 되는 경우 정당 지도자의 영향력은 상당히 축소될 수밖에 없다. 왜냐하면 특정 지역구에 출마할 정당 후보를 선출하는 예비선거의 결과는 후보의 인기나 능력과 같은 후보의 개인적 특성에 의하여 결정되는 것이지 정당 지도자에 의하여 결정되는 것은 아니기 때문이다. 이처럼 개별 의원들이 자신의 운명을 스스로 결정할 수 있다면 의정활동을 수행할 때 정당지도자의 눈치를 살피거나 정당의 목적을 위하여 자신의 선호나 가치를 포기할 필요가 없어진다. 이렇게 될 때 정당의 기율은 약화되고 의원들의 자율성은 높아질 수 있다.

그러나 문제는 정당의 지도자들이 자신의 당내 권력을 포기해가면서까지 상향식 공천방식을 전면적으로 수용할 의지가 있겠는가 하는 점이다. 2002년 대선에서 상향식 경선제도가 도입되었고, 이를 계기로 총선에도 상향식 공천방식이 도입된 적이 있었다. 그러나 이러한 상향식 공천방식은 중앙당의 공천심사기구가 경선에 참여하고자 하는 후보들을 우선적으로 선별하여 경선에 참여시키도록 하였다. 또한 경선 결과도 중앙당의 심사에 의하여 최종적으로 뒤집힐 가능성이 존재하였기 때문에 완전한 상향식 공천방식이라고 하기 힘든 측면이 존재하였다(박경미 2008; 전용주 2005; 최준영 2012b). 더구나 그 이후 총선에서 하향식 공천방식이 다시 주류적인 공천방식으로 부활하여 오늘날 상향식 공천방식은 거의 자취를 감춘 상황이다. 따라서 상향식 공천방식을 통하여 의원들의 자율성을 신장시킨다는 주장은 아직은 현실적으로 이루어지기 어렵다고 판단된다.[4]

---

4 그러나 상향식 공천방식이 전면적으로 도입된다고 해서 의원들의 자율성이 자동적으로 올라가는 것은 아니라는 점 또한 지적될 필요가 있다. 이는 특정 이익을 추구하기 위하여 시민사회 속에서 형성된 이익집단이 예비선거나 본선거에서 막강한 영향력을 행사할 때 발생할 수 있다. 가장 대표적인 사례로 미국의 경우를 들 수 있다. 미국의 상원과 하원은 전통적으로 자율성 수준이 매우 높은 것으로 간주되어 왔다. 그러나 티파티(The Tea Party)의 경우처럼 근래에 들어 정치자금과 투표 동원력을 무기로 의원들에게 자신들의 주장을 의정활동에 적극적으로 반영할

우리는 지금까지 인사청문과정에 나타나고 있는 여야간 정파적 갈등을 소멸시키기 위한 두 가지 방법의 실현 가능성을 타진해보았다. 아쉽지만 두 가지 방법 모두 현재 형성되어 있는 한국정치 환경 안에서 실제로 구현되기는 어려운 것으로 판단된다. 인사청문과정에서 여야의 정파적 이해관계를 추방하는 것은 진정 쉽지 않은 일로 보인다. 그럼 여기서 이대로 포기하는 수밖에 없는가?

이 시점에서 우리는 적을 이기기가 불가능하면 적과 친구가 되라는 옛말에 농축되어 있는 지혜를 받아들일 필요가 있다고 생각한다. 우리는 인사청문회에 나타나고 있는 여야간 정파적 갈등을 없애기 위한 효과적인 방법을 현실적으로 찾기 어렵다는 점을 인정하고, 정파적 갈등 존재 자체를 일단 있는 그대로 받아들이고자 한다. 즉 인사청문회에 나타나는 정파성은 과거에도 존재하였고, 앞으로도 존재할 하나의 상수라는 점을 인정하겠다는 것이다. 이 말은 곧 견제와 균형의 논리가 아니라 정파적 이해관계에 의하여 인사청문회가 진행되는 것이 정상에서 일탈한 것이 아니라 그 자체로 정상적인 것이라고 받아들이는 인식의 전환을 의미한다고 할 수 있다.

그러나 적을 소멸시키려고 싸우고 있을 때는 불가능하지만 일단 적과 친구가 되고나면 가능해지는 것이 하나 있다. 그것은 적과 가까이 지내

것을 요구하는 전국적인 규모의 영향력 있는 이익집단이 등장하고 있다. 그리고 이러한 이익집단의 등장은 의원들의 자율성을 심각하게 감소시키고 있다(Dionne 2012; Kabaservice 2012; Lessig 2011). 이러한 이익집단은 예비선거 단계에서부터 자신들의 주장에 미온적이거나 반대하는 후보에 대하여 적극적인 낙선운동을 벌이고 있다. 반면 자신들의 주장을 지지하는 후보에게는 정치자금을 제공하고 표를 동원함으로써 당선시키려는 노력을 펼치고 있다. 의원들의 입장에서는 이들의 요구를 받아들이지 않는 경우 다음 선거에서 패배할 가능성이 높아지기 때문에 이들의 요구를 의정활동에 적극적으로 반영할 수밖에 없는 상황이다. 그리고 이것은 그만큼 의원들의 자율성 수준이 낮아진다는 것을 의미한다.

면서 적과 우리가 공존할 수 있도록 적을 감화시켜 나갈 수 있는 기회를 가질 수 있다는 점이다. 물론 적에 의하여 우리가 동화될 위험성도 없지는 않다. 그러나 우리가 잘 만 한다면 친구가 됨으로써 싸워서는 절대 이길 수 없던 적을 긍정적인 방향으로 변화시켜 나갈 수도 있다.

이 말을 인사청문제도를 어떻게 개선할 것인가 하는 우리의 당면과제에 연결시켜 생각하면 다음과 같이 정리해볼 수 있다: 우리는 인사청문회에 나타나고 있는 여야간 정파성의 존재를 인정함으로써 정파성 자체를 없애기 위한 방법이 무엇인지 모색하는 작업은 실질적으로 포기한다. 그 대신 이 정파성이 인사청문회에서 발현되는 양상을 좀 더 긍정적인 쪽으로 전환시키기거나 또는 정파성의 강도를 일정 부분 완화시키기 위한 방법을 살펴보는 작업에 우리의 초점을 맞추고자 한다.

이를 위하여 먼저 현행 고위공직자 임명과정에 있어서 여야간 정파성이 어떻게 발현되고 있고, 그것이 어떠한 결과를 몰고 오는지 그 과정을 단계적으로 간략히 정리해보면 다음과 같다: 대통령의 비공개적인 내정과정 → 내정된 인물에 대한 임명동의안 국회 제출 → 인사청문회에서 후보자의 문제에 대한 야당의 폭로와 여당의 무마 → 후보자의 부정적 측면에 대한 언론매체의 집중적 보도 → 국민의 고위공직자에 대한 신뢰 감소. 어떻게 하면 이 과정에 나타나고 있는 여야의 정파적 행위를 소모적이 아니라 생산적인 것으로 변모시킬 수 있을까?

우리는 첫 번째 단추가 잘 꿰어져야 나머지 단추들도 잘 꿰어지듯이 고위공직자 임명과정의 첫 번째 단계인 대통령의 고위공직 후보자 내정과정을 변화시킴으로써 인사청문회에서 이루어지고 소모적인 여야간 정파적 갈등이 보다 생산적인 것으로 전환될 수 있다고 생각한다. 대통령의 내정과정을 변화시킨다는 것은 고위공직자 임명과정에서 대통령이 부담해야 하는 책임을 더욱 강화시킨다는 것을 의미한다. 우리는 내정과정에서 대통령의 책임을 다음과 같은 세 가지 측면에서 강화시킬 필요가 있다고 생각한다.

첫째, 대통령은 미국에서 진행되고 있는 것처럼 후보자의 과거 행적에 대한 철저한 조사를 수행할 필요가 있다. 제2장에서 이미 설명한 것처럼 미국에서 대통령이 고위공직 후보자를 지명하는 과정은 상당히 까다로운 절차에 입각하여 이루어지고 있다. 후보자 물망에 오른 인물은 개인정보진술서와 개인재산보고서를 상세히 작성해야 하는 것은 물론 상원의 인사청문회에서 문제를 일으킬 소지가 있는 자신의 과거 행적에 대해서도 낱낱이 보고해야만 한다. 또한 연방수사국과 국세청이 중심이 되어 후보자의 과거 행적에 대한 철저한 수사도 진행된다. 이러한 까다로운 절차를 거친 뒤 문제가 없는 것으로 판명된 이후에야 비로소 대통령의 공식적인 고위공직 후보자 내정이 이루어진다.

대통령이 고위공직 후보자를 내정하는 과정에서부터 미국과 같이 철저한 검증작업을 수행하고 문제의 소지가 있는 인물은 아예 고위공직 후보자로 내정하지 않는다면 인사청문회에서 여야가 정파적으로 갈등할 가능성은 급격히 떨어질 수밖에 없다. 왜냐하면 야당은 후보자에 대하여 마땅히 비판할만한 것이 없는 상황에서 후보자를 공격하기 어렵게 되고, 여당은 후보자가 야당에게 공격당하지 않는 상황에서 굳이 후보자를 적극적으로 보호할 필요가 없기 때문이다. 이렇게 되면 여야 모두 후보자의 과거 행적을 둘러싸고 소모적인 논쟁을 벌일 필요가 없어지게 된다. 그 대신 후보자가 내정된 공직에 어울리는 자질과 능력을 지녔는지 또는 후보자의 정책적 비전은 적절한지 등과 같은 쟁점을 중심으로 여야간 논쟁이 일어날 가능성이 높아진다. 물론 이러한 쟁점에 있어서도 야당은 비판적 관점을, 그리고 여당은 긍정적 관점을 견지할 가능성이 높다. 하지만 이 경우 인사청문회에서 여야가 초점을 맞추고 있는 의제가 후보자의 과거 행적에서 후보자의 업무 적합성으로 전환될 수 있다는 점에서 훨씬 생산적인 인사청문회가 이루어질 수 있을 것이라고 생각한다.

둘째, 대통령은 국가 안보에 직결된 사안은 제외하고 내정과정에서 수집된 후보자에 대한 모든 자료를 후보자에 대한 임명동의서를 국회에 보내기 전에 일반에 공개할 필요가 있다.[5] 현행 인사청문제도 하에서 여야의 정파적 갈등이 사회적 폭발력을 가지게 되는 가장 중요한 이유 중 하나는 그 때까지 베일에 가려져 있던 후보자의 문제가 인사청문회에서 야당에 의하여 '폭로'되고 있다는 사실에 놓여 있다. 비밀이 폭로되는 경우, 특히 그 비밀이 부정적인 내용을 담고 있는 경우 그 사회적 파장은 매우 크게 나타난다. 우선 이러한 것은 뉴스로서 대단한 가치를 지닐 수 있기 때문에 각종 언론매체는 앞 다투어 이 문제를 보도하게 된다. 그리고 이러한 부정적 뉴스는 국민들로 하여금 대통령이 고위공직자로 내정한 인물에 대한 부정적인 이미지를 형성하도록 만든다. 국민들은 고위공직에 내정된 인물에 대하여 그 인물이 과거에 뭔가 대단한 일을 성취한 사람이며, 여러 측면에서 타의 모범이 될 만한 사람이라고 일반적 혹은 암묵적으로 가정하고 있다. 그러나 야당에 의하여 후보자의 잘못된 과거

---

5 이렇게 되는 경우 후보자의 사생활 침해라는 논란이 발생할 가능성이 매우 높다. 그러나 어떤 인물이 국정을 운영해나가는지 국민들이 알 권리도 개인의 사생활 보호만큼, 아니 어쩌면 그보다도 더 중요한 의미를 지니고 있다고 할 수 있다. 더구나 자신의 사생활이 침해되는 것을 우려하는 인물은 대통령의 지명을 언제든지 거부할 수 있다. 그리고 어차피 인사청문회에서 비우호적인 야당에 의하여 문제가 폭로될 가능성이 높다라면, 미리 그 문제를 밝히는 것이 후보자로서도 좋지 않겠는가?

행적이 폭로되어 언론에 대대적으로 보도되는 경우 그러한 일반적 가정이 급격히 깨어지는 충격이 발생하게 된다. 그리고 이러한 충격은 후보자에 대한 심각한 불신을 조장할 수 있다.

그러나 대통령이 후보자에 대한 모든 정보를 인사청문회가 시작하기 이전에 미리 공개하는 경우 위와 같은 부정적인 시나리오가 발생할 가능성은 줄어들 수 있다. 우선 후보자에 대한 정보를 미리 공개하는 것은 야당이 들고 있는 폭탄의 뇌관을 제거하는 효과가 있다. 전술한 대로 인사청문회에서 야당의 후보자의 문제에 대한 폭로가 강력한 폭발력을 지니고 있는 이유는 그 문제가 그 때까지 비밀에 부쳐졌던 사안이기 때문이다. 그러나 이러한 문제를 대통령이 사전에 공개해버린다면 이 문제는 더 이상 비밀이 될 수 없다. 따라서 야당이 이 문제를 인사청문회에서 거론한다고 하더라도 과거와 같은 강력한 폭발력은 기대하기 어려울 수 있다.

또한 후보자에 대한 정보 공개는 언론매체와 국민이 후보자를 판단하는 기준에 변화를 가져올 수 있다. 지금처럼 야당에 의하여 후보자의 숨겨진 과거 행적이 인사청문회에서 폭로되는 경우 언론매체와 국민의 관심은 새로 밝혀진 후보자의 문제점에 모아지게 되어 자연스럽게 그 문제에 입각하여 후보자 평가가 이루어지게 된다. 그러나 대통령에 의하여 후보자에 대한 모든 정보가 미리 공개된다면, 그리고 그 정보 안에 후보자의 부정적인 과거 행적까지 구체적으로 명시되어 있다면, 언론매체와 국민의 관심은 단순히 후보자의 부정적인 과거 행적에 머물러 있지 않을 가능성이 존재한다. 왜냐하면 그러한 문제점에도 불구하고 대통령이 이 인물을 내정하였다면 그 이유는 무엇인지 물어보지 않을 수 없기 때문이다. 그리고 이러한 점은 고위공직 임명과정에서 대통령의 책임이 강화되어야 하는 다음의 세 번째 분야로 이어진다.

셋째, 대통령은 자신이 어떤 이유 때문에 특정 인물을 고위공직 후보자로 내정하였는지 인사청문회가 시작하기 이전에 국회와 국민 앞에 밝힐 필요가 있다. 사실 대통령이 내정과정에서 철저한 사전 검증과정을 거친 뒤 과거 행적의 측면에서 아무런 문제가 없는 인물을 내정하여 국회 인사청문회장으로 보내는 경우 내정에 대한 이와 같은 정당화 절차는 필요가 없을 것이다. 그러나 제5장에서 밝힌 것처럼 자신의 정책적·정치적 비전을 임기 내에 실현하고자 하는 대통령은 후보자의 능력이나 자질보다 충성심에 더 많은 가중치를 둘 수밖에 없는 상황이다. 이러한 대통령의 정치적 상황을 고려한다면 과거 행적에 문제가 있음에도 불구하고 고위공직에 내정되는 인물이 다수 존재할 것이라고 예상하는 것은 어렵지 않다. 어쩌면 고위공직에 오를만한 한국의 정치엘리트 대부분은 어떤 형태로든 과거에 적절치 못한 행위에 연루된 적이 있을지도 모르겠다. 그도 아니면 항상 올바른 길을 걸어온 인물들도 우리 사회에 많이 살고 있기는 하지만 이들이 하나 같이 고위공직 자리를 거부하고 있기 때문에 어쩔 수 없이 문제가 많은 인물들만이 내정되고 있는지도 모르겠다. 이유야 어떠하든 대통령이 내정한 인물 중 상당수는 아마도 부정적인 과거 행적을 지닌 인물일 가능성이 높다.

이처럼 과거 행적에 부정적인 경력이 남아 있는 인물을 고위공직자로 임명하고자 한다면 대통령은 인사청문회가 시작되기 전에 자신의 결정에 대한 이유를 소상히 밝힐 필요가 있다. 예를 들어 후보자의 장단점을 명시하여 단점도 존재하지만 단점보다는 장점이 더 크다는 것을 밝힌다던지, 후보자의 어떤 측면이 자신의 정책적·정치적 비전을 구현하는데 반드시 필요하다던지, 후보자 물망에 올랐던 다른 인물들과 비교하여 구체적으로 어떠한 점이 더 뛰어났다던지 등과 같은 내용들이 국회와 국민 앞에 제시될 필요가 있다.

인사청문회가 시작되기 전에 대통령의 인사 결정의 이유가 분명히 밝혀지게 되는 경우 인사청문회에서 여야가 후보자를 둘러싸고 대립하는 의제 설정에 미묘한 변화가 발생할 수 있다. 물론 여야의 정파성은 사라지는 것이 아니기 때문에 야당은 대통령이 공개한 후보자의 단점에 초점을 맞추고, 여당은 장점에 초점을 맞추게 될 것이라고 예상하는 것은 어렵지 않다. 그러나 대통령에 의하여 특정 인물이 과거 행적상의 문제점에도 불구하고 내정된 이유가 분명히 제시되었기 때문에 여야의 대결 양상은 단지 후보자의 과거 행적 문제 존재여부와 같은 일차원적인 의제에 국한되기 어려워진다. 이제 야당은 단순히 후보자의 문제점을 폭로하는 차원을 넘어서 그러한 문제가 어떤 이유 때문에 고위공직에 어울리지 않는지, 그리고 대통령의 정당화가 어떤 측면에서 문제가 있는지 구체적으로 설명해야 할 필요가 있다. 반면 여당은 인사청문회에서 후보자를 위하여 궁색한 변명을 하는 것을 떠나 대통령이 제시한 내정의 정당화를 좀 더 논리적으로 가다듬고 구체화할 필요성이 제기된다. 다시 말해 인사청문회의 의제가 후보자의 과거 행적상의 문제점의 진위 여부를 밝히는 것이 아니라 그러한 문제가 있음에도 불구하고 공직을 제대로 수행할 수 있는가로 바뀌는 것이다. 이처럼 대통령이 인사 결정의 이유를 밝히는 것은 인사청문회에 임하는 여야로 하여금 후보자의 과거 행적뿐만 아니라 국정 운영 능력까지 함께 고려할 수밖에 없도록 제약한다는 점에서 인사청문회가 좀 더 생산적으로 운영될 폭을 넓힌다고 할 수 있다.

한편 대통령은 자신의 인사 결정에 대한 정당화를 제시함으로써 후보자에 대한 국민과 언론매체의 평가기준에도 긍정적인 영향을 미칠 수 있다. 대통령에 의하여 문제가 있음에도 불구하고 후보자를 내정한 이유가 밝혀졌기 때문에 국민과 언론매체는 단순히 부정적인 측면에 초점을 맞추어 고위공직자를 생각하기 어렵게 된다. 물론 고위공직자는 어떠한 흠결도 없어야 된다고 생각하는 사람도 있을 수 있다. 따라서 이들은 대통령의 정당화 시도를 무시한 채 고위공직 후보자에 대하여 여전히 부정적인 평가를 내릴 가능성이 높다. 그러나 대통령의 고위공직 후보자에 대한 정당화는 국민과 언론매체에 후보자를 바라보는 보다 입체적인 기준을 제시해줄 수 있다는 측면에서 후보자에 대한 평가가 일방적으로 하락하는 경향을 억제할 수 있을 것으로 생각된다.

결국 인사청문회에서 나타나고 있는 여야간 정파성은 인사청문과정의 첫 단계인 대통령의 내정단계를 개선함으로써 보다 생산적으로 바뀔 수 있을 것으로 보인다. 대통령이 후보자의 과거 행적에 대하여 철저히 조사하고, 조사를 통하여 획득한 정보를 공개하며, 문제점에도 불구하고 후보자를 내정한 이유는 무엇인지 소상히 밝히는 것은 분명 인사청문과정에 임하는 대통령에게 더 많은 책임을 부과시키는 것이다. 그러나 우리의 논의에서 나타난 것처럼 대통령이 인사청문과정에서 위와 같은 책임을 적극적으로 수행하게 된다면 인사청문회장에서 나타나고 있는 여야간 정파적 갈등을 좀 더 생산적으로 바꿀 수 있는 길을 열 수 있다. 또한 이를 통하여 국민의 고위공직자에 대한 불신도 어느 정도 차단될 수 있을 것으로 기대된다.

우리는 여전히 보다 나은 인사청문회가 이루어지기 위해서는 인사청문회에서 나타나고 있는 여야간 정파적 이해관계가 사라져야 한다고 믿는다. 그러나 한국의 여야간 정파적 갈등은 IMF 경제위기라는 국가적 위기가 발생한 상황에서도, 즉 여야 모두 합심하여 국가적 위기를 돌파해야만 하는 상황에서도, 그 끈끈한 생명력을 유지하였을 정도로 한국정치에 깊게 뿌리내리고 있다. 따라서 이를 단기간에 소멸시키기는 실질적으로 불가능하며, 앞으로도 상당히 오랜 기간 동안 여야간 정파적 이해관계는 한국정치를 움직이는 주된 동력이 될 가능성이 높다. 이런 상황에서 인사청문회를 개선하기 위하여 현실적으로 우리가 취할 수 있는 방법은 여야간 정파적 갈등을 최대한 생산적이 될 수 있도록 만드는 방안을 모색하는 것이다. 그리고 이러한 방안은 고위공직자 임명과정의 첫 번째 단계인 대통령의 내정과정을 개선하는 것에서 찾을 수 있다.

그러나 대통령이 그와 같은 책임을 적극적으로 감당할 의지가 있을까 하는 점은 여전히 의문으로 남는다. 현행 인사청문제도 하에서 대통령의 역할은 후보자를 비공개적인 과정을 통하여 내정하고, 임명동의안을 국회에 보내는 것으로 실질적으로 끝이 난다. 그 이후부터 대통령은 후보자가 인사청문회에서 어떻게 되든 알아서 살아 돌아오라는 식으로 뒷짐 지고 기다리고 있는 상황이다. 심지어 미국의 경우처럼 대통령이 인사청문회 기간 동안 후보자에 대한 지지 연설을 하는 경우도 거의 찾아볼 수 없다. 이러한 대통령의 자세는 인사청문회에서 논란이 되고 있는 문제는 어디까지나 후보자 책임이지 자신의 책임이 아니라는 인식에 기인하는 바가 크다. 이처럼 대통령은 자신의 내정 결정과 후보자의 문제 사이에 거리를 둠으로써 자신의 정치적 자본이 줄어드는 상황을 최대한 피하려고 하는지도 모르겠다.

그러나 우리가 제시한 것처럼 대통령이 직접 나서 후보자에 대한 정당화를 해야 하는 상황이라면 후보자 내정에 대한 책임을 자신이 전적으로 떠맡는다는 것을 의미한다. 일이 잘못되는 경우 대통령이 지불해야 할 정치적 비용은 지금보다 훨씬 클지도 모른다. 이런 상황에서 대통령이 고위공직자 임명과정에서 더 많은 책임을 떠안으려고 하겠는가?

정치적인 논리로 보자면 대통령이 고위공직자 임명과정에서 더 많은 부담을 질 이유는 없다. 그러나 국가의 미래와 한국정치의 발전이라는 대국적 차원에서 생각해본다면 대통령이 더 많은 책임을 질 필요가 있어 보인다. 300명의 의원들로 구성된 국회를 개혁하여 여야간 정파성을 소멸시키기 위해서는 300명의 합의가 필요하다. 아니면 적어도 여러 명의 정당 지도자들의 합의가 필요하다. 이처럼 합의를 이끌어내야 하는 대상들이 많아지면 그만큼 합의를 이끌어내기도 어려워지는 법이며, 따라서 국회에서 뭔가 신속한 해결책을 기대하기는 어렵다.

그러나 대통령의 결정은 단독적으로 이루어질 수 있고, 그만큼 빠른 시일 내에 변화를 만들어낼 수 있다. 국회에서 벌어지고 있는 여당과 야당의 정파적 갈등이 오랜 기간 지속되면서 정치 전반에 대한 회의와 불신이 이미 국민에게 광범위하게 퍼져 있는 상황이다. 이렇게 국민이 정치를 불신하는 상황에서 이 나라의 미래는 없다. 이러한 국민의 불신을 종식시키기 위해서는 대통령이 먼저 나서야 할 필요가 있다.

지금까지의 인사청문회는 정파적 인사청문회였고 앞으로도 그럴 가능성이 높다. 그러나 그러한 정파적 인사청문회를 그나마 생산적으로 변모시킬 수 있는 존재는 대통령밖에 없어 보인다. 한국정치의 발전이라는 국가적 이익을 위하여 자신의 조그마한 정치적 이익을 포기할 수 있는 의지가 있고, 또 이를 위하여 적극적으로 노력하는 대통령을 볼 수 있기를 기대한다.

참고문헌

가상준. 2007. "정치적 선호도와 당선횟수로 본 17대 국회 상임위원회 특징." 『사회과학연구』 제15권 2호: 236-278.

가상준 • 최준영. 2011. 『국회 인사청문 기준에 관한 연구』 국회운영위원회 용역 보고서.

강원택. 2011. 『고위공직자 인사청문회제도 현황 및 문제점 분석』 대통령실 공직 기강비서관실 용역보고서.

-----. 2008. "한국 정당의 당원 연구: 이념적 정체성과 당내 민주주의." 『한국 정치학회보』 제42권 2호: 109-128.

-----. 2005. 『한국의 정치개혁과 민주주의』 고양: 인간사랑.

-----. 2001. "행정 개혁과 관료 저항." 『한국사회와 행정 연구』 제12권 3호: 3-17.

경향신문. 2003년 2월 21일자. "고건 인사청문회 쟁점별 녹취록 문답: 영장 10년 간 안 나올 수 있나."

김당 · 문정우. 1996. "YS 파행인사, 국정이 샌다." 『시사저널』 1996/11/28.

김민전. 1999. "예 · 결산심의와 국정감 · 조사." 백영철 외. 『한국의회정치론』 서울: 건국대학교출판부.

김종림. 1992. "의회민주정치의 초석: 입법 · 행정권력간의 경쟁과 갈등분석." 한배호 · 박찬욱 공편. 『한국의 정치갈등: 그 유형과 해소방식』 서울: 법문사.

김일환 · 장인호. 2010. "미국 연방헌법상 인사청문회제도." 『미국헌법연구』 제21권 3호: 205-242.

김현구. 1998. "국정감사 제도와 운영의 분석적 조명: 1988-1998년의 시행경험을 중심으로." 『한국정치학회보』 제33집 1호: 399-422.

류재성. 2008. "심리학적 정치학의 연구 대상 및 방법." 한국정치학회 편. 『정치학 이해의 길잡이: 정치이론과 방법론』 파주: 법문사.

박경미. 2008. "18대 총선의 공천과 정당조직: 한나라당과 통합민주당을 중심으로." 『한국정당학회보』 제7권 2호: 41-63.

박동서. 1993. "인사청문회제도의 필요성." 『자유공론』 4월호.

박성희 · 임윤주. 2012. "국무총리 인사청문회 언론보도의 사회적 현실구성." 『의정연구』 제18권 1호: 145-181.

박재창. 1996. "국정감사의 논리와 운영실제의 한계." 『의정연구』 제2권 2호: 219-225.

-----. 1996. "고위공직자 인사, 무엇이 문제인가: 인사청문회 도입 시급하다." 『시사월간 WIN』 12월호.

배비, 얼(Babbie, Earl) 저 · 고성호 외 역. 2002. 『사회조사방법론』 서울: 그린.

손병권. 2010. "국회 인사청문회의 정치적 의미, 기능 및 문제점." 『의정연구』 제16권 1호: 5-33.

신명순. 2006. 『비교정치』 서울: 박영사.

-----. 1999. "한국 국회의 의정활동." 백영철 외. 『한국의회정치론』 서울: 건국대학교출판부.

안병영. 2001. "입법 및 정책결정과정에서 장관과 국회상임위원회의 상호관계." 『의정연구』 제7권 1호: 94-143.

양재진. 2003. "정권교체와 관료제의 정치적 통제에 관한 연구: 국민의 정부를 중심으로." 『한국행정학보』 제37권 2호: 263-287.

오승용. 2008. "분점정부가 국회 입법에 미치는 영향: 중요법안 처리결과를 중심으로." 『의정연구』 제14권 2호: 61-92.

-----. 2004. "한국 분점정부의 입법과정 분석: 13대-16대 국회를 중심으로." 『한국정치학회보』 제38집 1호: 167-192.

유명회 • 홍준형. 2011. "인사청문이 고위공직자 임용에 미치는 영향." 『한국인사행정학회보』 제10권 3호: 145-169.

유병곤. 2006. 『갈등과 타협의 정치: 민주화 이후 한국 의회정치의 발전』 서울: 오름.

이소영. 2009. "인지구조와 투표행태, 그리고 대중매체: 인지심리학적 관점." 전용주 외 공저. 『투표행태의 이해』 파주: 한울.

이용식. 1993. 『김영삼 권력의 탄생』 서울: 공간.

이현우. 2006. "17대 국회에 대한 국민평가: 구조적 문제와 운영적 문제." 『의정연구』 제12권 1호: 5-30.

-----. 2005. "국회의원의 표결 요인분석: 정당, 이념, 그리고 지역구." 『한국과 국제정치』 제21권 3호: 187-218.

이철. 1993. "김영삼의 정실인사가 개혁의 걸림돌이다." 『월간조선』 5월호.

임동석 번역. 2009. 『설원』 서울: 동서문화사.

임종훈 • 길정아. 2010. 『국회 인사청문회제도의 개선방안에 관한 연구』 국회운영위원회 용역보고서.

전용주. 2005. "후보공천과정의 민주화와 그 정치적 결과에 관한 연구: 제17대 국회의원 선거를 중심으로." 『한국정치학회보』 제39집 2호: 217-236.

전진영. 2011a. "국회의장 직권상정제도의 운영현황과 정치적 함의." 『한국정치연구』 제20집 2호: 53-78.

-----. 2011b. "국회 입법교착의 양상과 원인에 대한 분석." 『의정연구』 제17권 2호: 171-196.

-----. 2006a. "국회의원의 갈등적 투표행태 분석: 제16대 국회 전자표결을 중심으로." 『한국정치학회보』 제40집 1호: 47-70.

-----. 2006b. "의제설정의 정치: 근로기준법을 중심으로." 2006년 한국정치학회 하계학술회의 발표논문.

전진영 · 김선화 · 이현출. 2009. 『국회 인사청문제도의 현황과 개선방안』 국회입법조사처 현안보고서.

정광호. 2005. "노무현 정부의 관료제 개혁에 대한 평가." 『행정논총』 제43권 2호: 301-349.

정상화. 2004. "고위공직후보자 인사청문회 제도의 현황과 의의." 한국정치학회 편. 『한국 의회정치와 제도개혁』 한울 아카데미.

정진민. 2008. 『한국의 정당정치와 대통령제 민주주의』 고양: 인간사랑.

조선일보. 2003년 2월 21일자. "고건 총리후보 인사청문회: 최우선 입영대상 왜 군대 안 갔나"

조진만 · 최준영. 2010. "국무총리 인사청문회의 구성과 운영에 대한 경험적 분석." 『Oughtopia』 제25권 3호: 299-327.

최선열 · 김학수. 2002. "국회 보도의 부정주의 연구." 『의정연구』 제8권 1호: 158-197.

최연호 • 박종희. 2000. "인사청문회법의 입법방향에 관한 고찰." 『의정연구』 제6권 2호: 122-147.

최정원. 2006. "의원발의 법안과 정부발의 법안의 비교: 여성관련 법안을 중심으로." 2006년 한국정치학회 하계학술회의 발표논문.

-----. 2001. "국회 입법과정의 변화와 특징: 입법환경과 입법행위자를 중심으로." 『한국정치학회보』 제35집 3호: 189-206.

최준영. 2012a. "3당 합당: 민주화 이후 한국 정당정치 전개의 분기점." 강원택 편저. 『노태우 시대의 재인식』 서울: 나남.

-----. 2012b. "한국 공천제도에 대한 연구동향과 향후 연구과제." 『한국정당학회보』 제11권 1호: 59-85.

-----. 2009. "정치적 신뢰 변화의 원인과 결과: 이론적 쟁점." 『의정연구』 제27권 1호: 65-92.

-----. 2008. "인사청문회의 정파적 성격에 대한 원인 분석." 『한국정치연구』 제17권 2호: 73-94.

최준영 • 이동윤. 2006. "국무위원 인사청문회 제도의 문제점: 게임이론을 통한 분석을 중심으로." 『新亞細亞』 제13권 3호: 93-116.

최준영 • 전진영. 2012. "행정부 고위공직자에 대한 국회의 임명동의 결정요인: 국회는 왜 고위공직 후보자 임명에 동의하는가?" 『한국정치연구』 제21집 2호: 23-52.

최준영 • 조진만 • 가상준 • • 손병권. 2008. "국무총리 인사청문회에 나타난 행정부-국회관계 분석: 회의록에 대한 내용분석을 중심으로." 『한국정치학회보』 제42권 2호: 151-169.

최준영 • 조진만. 2009. "인사청문회, 미디어, 그리고 정치적 신뢰: 프라이밍 효과 (priming effects)를 중심으로." 『국가전략』 제15권 4호: 167-189.

Andeweg, Rudy. 1992. "Executive-Legislative Relations in the Netherlands: Consecutive and Coexisting Pattern." *Legislative Studies Quarterly* 17(2): 161-182.

Andeweg, Rudy and Lia Nijzink. 1995. "Beyond the Two-Body Image: Relations between Ministers and MPs." Herbert Doring. ed. *Parliaments and Majority Rule in Western Europe.* New York: St. Martin's Press.

Bartels, Larry. 1991. "Constituency Opinion and Congressional Policy Making: The Reagan Defense Buildup." *American Political Science Review* 85(2): 457-474.

Berelson, Bernard, Paul Lazarsfeld, and William McPhee. 1954. *Voting: A Study of Opinion Formation in a Presidential Campaign.* Chicago: Chicago University Press.

Binder, Sarah. 2001. "The Senate as a Black Hole? Lessons Learned from the Judicial Appointments Experience." G. Calvin Mackenzie. ed. *Innocent Until Nominated: The Breakdown of the Presidential Appointments Process.* Washington, D.C.: Brookings Institution Press.

----------------. 1999. "The Dynamics of Legislative Gridlock, 1947-96." *American Political Science Review* 93(3): 519-533.

Binder, Sarah and Forrest Maltzman. 2002. "Senatorial Delay in Confirming Federal Judges, 1947-1998." *American Journal of Political Science* 46(1): 190-199.

Bishop, Bill. 2008. *The Big Sort: Why the Clustering of Like-Minded America Is Tearing Us Apart.* Boston: Houghton Mifflin Harcourt.

Brady, David, Brandice Canes-Wrone, and John Cogan. 2000. "Differences in Legislative Voting Behavior between Winning and Losing House Incumbents." David Brady, John Cogan, and Morris Fiorina. eds. *Continuity and Change in House Elections.* Stanford: Stanford University Press.

Cappella, Joseph and Kathleen Jamieson. 1997. *Spiral of Cynicism: The Press and the Public Good.* New York: Oxford University Press.

Caldeira, Gregory and John Wright. 1998. "Lobbying for Justice: Organized Interests, Supreme Court Nominations, and the United States Senate." *American Journal of Political Science* 42(2): 499-523.

Cameron, Charles, Albert Covr, and Jeffrey Segal. 1990. "Senate Voting on Supreme Court Nominees: A Neoinstitutional Model." *American Political Science Review* 84(2): 525-534.

Carpenter, Daniel. 2001. *The Forging of Bureaucratic Autonomy: Reputations, Networks, and Policy Innovation in Executive Agencies, 1862-1928.* Princeton: Princeton University Press.

Dionne, E. J. 2012. *Our Divided Political Heart: The Battle for the American Idea in an Age of Discontent.* New York: Bloonsbury.

Downs, Anthony. 1957. *An Economic Theory of Democracy.* New York: Harper & Row.

Druckman, James. 2004. "Political Preference Formation: Competition, Deliberation, and the (Ir)relevance of Framing Effects" *American Political Science Review* 98(4): 671-686.

Edwards, George. 2001. "Why Not the Best? The Loyalty-Competence Trade-off in Presidential Appointments." G. Calvin Mackenzie. ed. *Innocent Until Nominated: The Breakdown of the Presidential Appointments Process.* Washington, D.C.: Brookings Institution Press.

------------------. 1980. *Presidential Influence in Congress.* San Francisco: Freeman.

Edwards, George, Andrew Barrett, and Jeffrey Peake. 1997. "The Legislative Impact of Divided Government." *American Journal of Political Science* 41(2): 545-563.

Epstein, Lee and Jeffrey Segal. 2005. *Advice and Consent: The Politics of Judicial Appointments.* Oxford: Oxford University Press.

Epstein, Lee, Rene Lindstadt, Jefferey Segal, and Chad Westerland. 2006. "The Changing Dynamics of Senate Voting on Supreme Court Nominees." *The Journal of Politics* 68(2): 296-307.

Feenberg, Andrew and Darin Barney. 2004. *Community in the Digital Age: Philosophy and Practice.* Lanham, MD: Rowman & Littlefield Publishers, Inc.

Fiorina, Morris. 1989. *Congress: Keystone of the Washington Establishment.* New Haven: Yale University Press.

Ginsberg, Benjamin and Martin Shefter. 1990. *Politics by Other Means: The Declining Importance of Elections in America.* New York: Basic Books.

Golden, Marrisa Martino. 1992. "Exit, Voice, Loyalty, and Neglect: Bureaucratic Responses to Presidential Control during the Reagan Administration." *Journal of Public Administration Research and Theory* 2(1): 29-62.

Hackney, Sheldon. 2002. *The Politics of Presidential Appointment: A Memoir of the Culture War.* Montgomery: New South Books.

Heclo, Hugh. 1977. *A Government of Strangers: Executive Politics in Washington.* Washington, D.C.: Brookings Institution Press.

Hetherington, Marc. 2005. *Why Trust Matters: Declining Political Trust and the Demise of American Liberalism.* Princeton: Princeton University Press.

----------------------. 1996. "The Media's Role in Forming Voters' National

Economic Evaluations in 1992." *American Journal of Political Science* 40(2): 372-395.

Hibbing, John and Elizabeth Theiss-Morse. 1995. *Congress as Public Enemy: Public Attitudes Toward American Political Institutions.* New York: Cambridge University Press.

Iyenger, Shanto and Donald Kinder. 1987. *News That Matters.* Chicago: The University of Chicago Press.

Kabaservice, Geoffrey. 2012. *Rule and Ruin: The Downfall of Moderation and the Destruction of the Republican Party, from Eisenhower to the Tea Party.* New York: Oxford University Press.

Kaufman, Herbert. 1976. *Are Government Organizations Immortal?* Washington, D.C.: Brookings Institution Press.

Kelly, Sean. 1993. "Divided We Govern? A Reassessment." *Polity* 25(3): 475-484.

Kernell, Samuel. 1978. "Explaining Presidential Popularity." *American Political Science Review* 72(2): 506-522.

Kingdon, John. 1981. *Congressmen's Voting Decisions.* New York: Harper and Row.

Krosnick, Jon and Donald Kinder. 1990. "Altering the Foundations of Support for the President through Priming." *American Political Science Review* 84(2): 497-512.

Krutz, Glen, Richard Fleisher, and Jon Bond. 1998. "From Abe Fortas to Zoe Baird: Why Some Presidential Nominations Fail in the Senate." *American Political Science Review* 92(4): 871-881.

Lau, Richard and David Redlawsk. 2006. *How Voters Decide: Information Processing during Election Campaigns.* Cambridge: Cambridge University Press.

Lazarsfeld, Paul, Bernard Berelson, and Hazel Gaudet. 1948. *The People's Choice: How the Voter Makes Up His Mind in a Presidential Campaign.* New York: Columbia University Press.

Lessig, Lawrence. 2011. *Republic, Lost: How Money Corrupts Congress-and a Plan to Stop It.* New York: Twelve.

Lewis, David. 2008. *The Politics of Presidential Appointments: Political Control and Bureaucratic Performance.* Princeton: Princeton University Press.

Loomis, Burdett. 2001. "The Senate: An Obstacle Course for Executive Appointments?" G. Calvin Mackenzie. ed. *Innocent Until Nominated: The Breakdown of the Presidential Appointments Process.* Washington, D.C.:Brookings Institution Press.

Lupia, Arthur. 1994. "Shortcuts versus Encyclopedias: Information and Voting Behavior in California Insurance Reform Elections." *American Political Science Review* 88(1): 63-76.

Lupia, Arthur and Mathew McCubbins. 1998. *The Democratic Dilemma: Can Citizens Learn What They Need to Know?* Cambridge: Cambridge University Press.

Mackenzie, G. Calvin. 2001. "The State of the Presidential Appointments Process." G. Calvin Mackenzie. ed. *Innocent Until Nominated: The Breakdown of the Presidential Appointments Process.* Washington, D.C.: Brookings Institution Press.

----------------------------. 1996. "The Presidential Appointment Process: Historical

Development, Contemporary Operations, Current Issues." *The Twentieth Century Fund Task Force on the Presidential Appointment Process.* Obstacle Course. The Twentieth Century Fund Press.

------------------------------. 1981. *The Politics of Presidential Appointment.* New York: The Free Press.

Massaro, John. 1990. *Supremely Political: The Role of Ideology and Presidential Management in Unsuccessful Supreme Court Nominations.* Albany: State University of New York Press.

Mayhew, David. 1974. *Congress: The Electoral Connection.* New Haven: Yale University Press.

McCarty, Nolan, and Rose Razaghian. 1999. "Advice and Consent: Senate Responses to Executive Branch Nominations 1885-1996." *American Journal of Political Science* 43(4): 1122-1143

McGuire, William. 1985. "Attitudes and Attitude Change." Gardner Lidzey and Elliot Aronson. eds. *The Handbook of Social Psychology.* Hillsdale, NJ: Erlbaum.

Miller, Joanne and Jon Krosnick. 2000. "New Media Impact on the Ingredients of Presidential Evaluations: Politically Knowledgeable Citizens Are Guided by a Trusted Source" *American Journal of Political Science* 44(2): 301-315.

Moe, Terry. 1984. "The New Economics of Organization." *American Journal of Political Science* 28(4): 739-777.

--------------. 1985a. "Control and Feedback in Economic Regulation: The Case of the NLRB." *American Political Science Review* 79(4): 1094-1116.

----------------. 1985b. "The Politicized Presidency." In John Chubb and Paul Peterson, eds. *New Directions in American Politics.* Washington, D.C.: Brookings

Institution.

----------. 2006. "Political Control and the Power of the Agent." *Journal of Law, Economics, and Organization* 22(1): 1-29.

Mondak, Jeffrey. 1993. "Public Opinion and Heuristic Processing of Source Cues." *Political Behavior* 15(2): 167-192.

Moraski, Byron and Charles Shipan. 1999. "The Politics of Supreme Court Nominations: A Theory of Institutional Constraints and Choices." *American Journal of Political Science* 43(4): 1069-1095.

Morrow, James. 1994. *Game Theory for Political Scientists.* Princeton: Princeton University Press.

Nelson, Thomas, Rosalee Clawson, and Zoe Oxley. 1997. "Media Framing of a Civil Liberties Conflict and Its Effect on Tolerance." *American Political Science Review* 91(3): 567-583.

Niskanen, William. 1971. *Bureaucracy and Representative Government.* Chicago: Aldine-Atherton.

Noll, Roger and Morris Fiorina. 1979. "Voters, Bureaucrats and Legislators: A Rational Perspective on the Growth of Bureaucracy." *Journal of Public Economics* 9(2): 239-254.

Norris, Pippa. 2011. *Democratic Deficit: Critical Citizens Revisited.* Cambridge: Cambridge University Press.

----------. 2000. *Virtuous Circle: Political Communication in Post Industrial Democracies.* Cambridge: Cambridge University Press.

Overby, L. Marvin, Beth Henschen, Michael Walsh, and Julie Strauss. 1992. "Courting Constituents? An Analysis of the Senate Confirmation Vote on Justice

Clarence Thomas." *American Political Science Review* 86(4): 997-1003.

Patterson, Thomas. 1993. *Out of Order.* New York: Knopf.

Pfiffner, James. 2001. "Presidential Appointments: Recruiting Executive Branch Leaders." G. Calvin Mackenzie. ed. *Innocent Until Nominated: The Breakdown of the Presidential Appointments Process.* Washinton, D.C.: Brookings Institution Press.

Rahn, Wendy. 1993. "The Role of Partisan Stereotypes in Information Processing about Political Candidates." *American Journal of Political Science* 37(2): 472-496.

Robinson, Michael. 1976. "Public Affairs Television and the Growth of Political Malaise: The Case of The Selling of the Pentagon." *The American Political Science Review* 70(2): 409-432.

Ross, Stephen. 1973. "The Economic Theory of Agency: The Principal's Problem." *American Economic Review* 63(2): 134-139.

Rudalevige, Andrew. 2002. *Managing the President's Program: Centralization and Legislative Policy Formulation, 1949-1996.* Princeton: Princeton University Press.

Rudalevige, Andrew and David Lewis. 2005. "Parsing the Politicized Presidency: Centralization, Politicization, and Presidential Strategies for Bureaucratic Control." *Paper presented at Annual Meeting of the American Political Science Association,* Washington, D.C.

Ryu, Jaesung. 2007. "Where is the Framing Effect?: Bridging the Gap Between Theory and Data." *The Korean Journal of International Relations* 47(5): 27-58.

Segal, Jeffrey. 1987. "Senate Confirmation of Supreme Court Justices: Partisan and Institutional Politics." *The Journal of Politics* 49(4): 998-1015.

Segal, Jeffrey, Charles Cameron, and Albert Cover. 1992. "A Spatial Model of Roll Call Voting: Senators, Constituents, Presidents, and Interest Groups in Supreme Court Confirmations." *American Journal of Political Science* 36(1): 96-121.

Sunstein, Cass. 2009. *Going to Extremes: How Like Minds Unite and Divide*. New York: Oxford University Press.

Timothy Johnson and Jason Roberts. 2004. "Presidential Capital and the Supreme Court Confirmation Process." *The Journal of Politics* 66(3): 663-683.

Valentino, Nicholas, Vincent Hutchings, and Ismail White. 2002. "Cues that Matter: How Political Ads Prime Racial Attitudes During Campaigns." *American Political Science Review* 96(1): 75-90.

Weko, Thomas. 1995. *The Politicizing Presidency: The White House Personnel Office, 1948-1994*. Lawrence: University Press of Kansas.

Wood, B. Dan and Richard Waterman. 1991. "The Dynamics of Political Control of Bureaucracy." *American Political Science Review* 85(3): 801-828.

--. 1993. "The Dynamics of Political-Bureaucratic Adaptation." *American Journal of Political Science* 37(2): 497-528.

Wright, Gerald. 1989. "Policy Voting in the U.S. Senate: Who is Represented?" *Legislative Studies Quarterly* 14(4): 465-486.

Zaller, John. 1992. *The Nature and Origins of Mass Opinion*. New York: Cambridge University Press.

견제와 균형 - 인사청문회의 현재와 미래를 말하다
초판 1쇄 | 2013년 2월 10일

©최준영 • 조진만 2013

지은이 | 최준영 • 조진만
표지디자인 | 김남영
디자인 | 써네스트 디자인실
펴낸곳 | 도서출판 써네스트
펴낸이 | 강완구
출판등록 | 2005년 7월 13일 제313-2005-000149호
주 소 | 서울시 마포구 동교동 165-8 엘지팰리스 빌딩 925호
전 화 | 02-332-9384   **팩 스** | 0303-0006-9384
이메일 | sunestbooks@yahoo.co.kr
홈페이지 | www.sunest.co.kr
ISBN 978-89-91958-61-6 93340 값 15,000원

이 도서의 국립중앙도서관 출판사도서목록(CIP)은 e-CIP 홈페이지 (http://www.nl.go.kr/
ecip)에서 이용하실 수 있습니다. (CIP제어번호 : CIP2013000400)